寺子屋グローバリゼーション

寺子屋
グローバリゼーション

THE KUMON WAY

木下玲子

岩波書店

序　The Kumon Way とは

公文式学習とは「子どもたちのヤル気と可能性を引き出すしくみ。教材は細かなステップに分かれているから、一人一人の力や学ぶペースに合わせて学習できる教材が用意される。自分の力で出来る学習を積み重ねるから「できた！」のうれしさが実感できる。簡単すぎたり難しすぎたりしないから、途中で飽きたり、いやになったりしない。一人一人に「ちょうどよい学習」を実践する。そして教材を解くのにかかった時間を書き込み、間違いの数などを知り、次のステップに進むための目安を知る。その目安をもとに生徒は先生と一緒に先の学習の見通しをたてる。自分でたてた目標に向かって、子どもたちは「また復習したい」「先へ進めそうだ」と自分の意志で学習をするしくみである」

（二〇〇五年五月　体験学習のしおり）

第一印象は『鉄腕アトム』のお茶の水博士……。米国に紹介された公文式《くもんしき》学習法を丁寧《ていねい》に説明してくれた色のやや浅黒い小柄な男性のことだ。

公文式学習法を生みだした公文公《くもんとおる》に、カリフォルニアでインタビューしたときのことである。私はその頃、ロサンゼルスのアサヒ・ホームキャストというテレビ局で働いていた。二〇年ほども前の話である。

――公文式学習法のすばらしい点とこれから改良したい点はどんなところですか。

「すばらしい点は、誰にでもできる〝自学自習〟という方法で、その生徒が本来持っている可能性をどこまでも追求できる学習法だということ。家庭学習の方法です。算数なら計算問題を自分でどんどん先へ進んで行けば、学年を一年も二年も超えて進むことも出来る。これから改良したい点ですか？　まだまだ改良したい点はたくさんあります。問題を解いている子どもの手が止まっていたら、あの問題はまずかったんやないかと考えますし、公文式学習の指導者の先生方なら、自分はこの生徒にまずいこと、損をさせてきたんじゃないか、と反省するものです」

――米国で公文式学習センター（以下、公文センターと略記）を開いて行くそうですが、ビジネス面でなく、学習法として多くの米国人から支持される自信はありますか。

「はい。〝学びたい〟と思うひとの気持ちに国境はないと思っていますから。自分は〝こんなものだ〟と思った瞬間から成長は止まってしまう。〝もっといいものを〟で成長し続けると思っています。日本も米国もそれは同じなはずです」

予定した時間を超えて公文は語り続けた。テレビ撮影の照明用ライトが消えると、ふっと、公文の表情がゆるんだ。童顔が覗《のぞ》いた。その笑顔はお茶の水博士というより鉄腕アトムのようだった。

＊

12＋21、24＋42……、

ビッグ・アーサーはワークシートの足し算の問題に、体でリズミカルにテンポを取りながら鉛筆を走らせていた。

公文式の教材はA５版（縦二一センチ、横一四・八センチ）だ。各ページに並ぶ問題数は、算数でも一〇問くらいと多くはない。教室内には黒板もなければ、教師が黒板の前に立って教えるという一斉授業スタイルの緊張感もない。生徒一人一人はまったくバラバラに、異なった科目の異なった進度の教材を黙々と解いている。

一九九一年。カリフォルニア州ウエスト・カーソンでのことだ。初めて公文教室を見学に行ったとき、小・中学生に混じって一番後ろの席に明らかに大人と思える黒人男性(アーサー・キラムさん)がひとり、算数の問題と取り組んでいた。近づいて覗き込むと、青年は足し算計算をスラスラ解いて行く。

「算数がすごく楽しくなってきて。警備員の仕事をしていても、休憩時間になったらワークシートをちょっとやっておこうかなんて考えている。自分が自分の変化をいちばん信じられない」

ビッグ・アーサーとおどけてあだ名で自己紹介した黒人青年は、白い歯を見せ、私に言った。誰でもできそうな足し算の練習問題のように思えた。だが、やさしい計算をスラスラ解ける充足感をビッグ・アーサーは満面に湛《たた》え、誇らしげだった。

「一ページの問題を解く作業時間も、速くなってきたし……。米軍の看護師になりたいと思っている。そのためには数学と科学の試験に受からないといけない。サンタモニカ・カレッジでコースを取ったものの、数学の基礎学力のないことを思い知らされた。だから Kumon に通うことを決めた」

屈強な右腕を、鉛筆は離さずにビッグ・アーサーはぐるんぐるんと回して見せた。

*

二〇〇〇年秋、私は東京で三人の「公文教育研究会」アソシエイツ(公文社員の呼称)を紹介された。「英語イマージョン・キャンプ」について、私から話を聞きたいということだった。英語イマージョン・キャンプとは、日常生活をすべて英語で行い、あたかも英語環境の中で日常生活を営み、英語を自分のコミュニケーション手段として楽しみながら自然に使ってみようというキャンプの試みのことである。

実はまったくの偶然から、その夏、多言語イマージョン教育を進める米国の専門家たちと知り合うことになった。彼らからさまざまな実践結果を聞き、そこに実際、取材にも出かけた。イマージョン教育に興味を持った私は、日本でも「英語イマージョン・キャンプ」という実験ができないだろうかと考えた。

小学生を対象にした二週間ほどの英語漬けキャンプのアイディアだった。考え始めると夢がモクモクと湧《わ》きあがった。三人ともとっぴに思える私の夢を、心を開き熱心に聞いてくれた。彼らはその後、公文教育研究会の社内に「英語イマージョン・キャンプ」のプロジェクト・チームを立ち上げた。キャンプ実現に向けて早くも行動が始まったのである。

翌二〇〇一年夏、公文学習者の小学生を中心に日本初の「英語イマージョン・キャンプ」が大分県にある立命館アジア太平洋大学（APU）のキャンパスを利用して発足した。最初の「英語イマージョン・キャンプ」には私も招いていただいた。

キャンプの運営は試行錯誤の連続だったと思う。しかし、私は子どもたちが心から楽しみながら学んでいる姿を見て、そして、お兄さん、お姉さんというキャンプ・リーダー役のAPUの学生たち（英語を母語・公用語にするアジア太平洋地域からの留学生たち）もまた心から楽しみながら教えている姿を見ながら、「学ぶ」ことと「教える」ことの共同作業と相互依存という教育の奥深さを改めて感じたのである。

それとともに、「一体、公文式学習法とは何だろうか」「何が、人々をこれほど駆り立てるのだろうか」という疑問が湧いてきた。公文式学習法は、政府の文教政策によってトップ・ダウンで下ろされた教育要請ではない。日本の市民社会が育て上げたボトム・アップの教育実践である。それは、市民社会が作りあげてきた「読み・書き・算盤《そろばん》」の思想と実践である。おそらくそれは、江戸時代の寺子屋の伝統まで行き着く歴史的な背景を持っているのだろう。

公文式が産声を上げてからまだ四七年余りしか経っていない。それがいま、米国はじめ世界に受け入れられ、グローバリゼーションの波に乗って世界に広がりつつある。その過程で、公文式学習法に凝縮する理念と実践は普遍的な価値と意味を持ちつつある。

モノづくりでは日本は世界に冠《かん》たる仕事をしてきた。しかし、サービスではどうなのか。それも教育サービスのようなソフト・パワーにかかわるところは日本の泣きどころだと思われてきた。ところが、宮崎駿《はやお》のアニメと同じく、公文式学習法も日本発のソフト・パワーの発露《はっろ》であり発信となっている。

そうしたアイデアとネットワークは、The Kumon Way と呼ぶにふさわしい。

私は「The Kumon Way の秘密」を解いてみたいと思った。

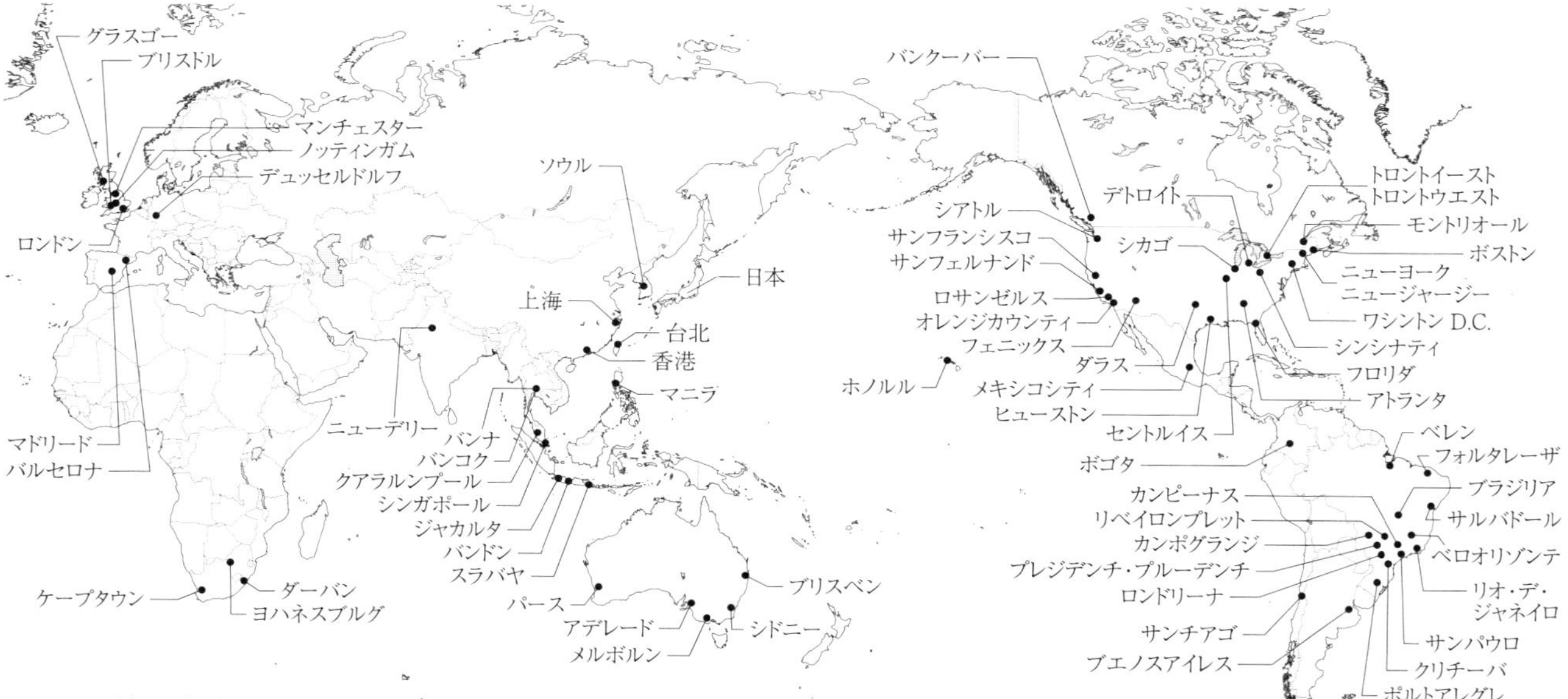

普及地域

アイルランド・アメリカ・アルゼンチン・イギリス・イタリア・インド・インドネシア・オーストラリア・オーストリア・オマーン・オランダ・カタール・カナダ・韓国・ケニア・コロンビア・シンガポール・スイス・スペイン・スリランカ・タイ・台湾・中国(香港・マカオ含む)・チリ・ドイツ・ナミビア・日本・ニュージーランド・バーレーン・ハンガリー・フィリピン・ブラジル・フランス・ペルー・ベルギー・ボツワナ・ボリビア・マレーシア・南アフリカ・メキシコ・ルクセンブルク・UAE・ミャンマー・ザンビア

(普及地域：世界 44 の国と地域．地図上の都市名は，公文教育研究会の事務局・拠点所在地)

公文式学習法の普及地域

目次

カバー・扉写真・資料作成＝公文教育研究会

I

第1章
公文公 ルーツをたどる

公文公

南国土佐

公文式学習のルーツは公文公《くもんとおる》にある。だから公文式学習法の思想や行動の根っこを知るには、公文公の人となりを明らかにしなければならない。

公文公のルーツは四国の高知市である。私はほとんど準備もしないまま、南国土佐へ向かっていた。東京ではもう見かけることが少なくなった路面電車がここでは市民の足としていまも活躍している。「高知城前」から「ごめん」方面に向かう路面電車の途中に「菜園場《さえんば》町」という駅がある。その近くを流れる鏡川沿いに建つホテルに泊まった。

翌朝、県立図書館へ行った。三月の高知には珍しい雪模様だ。図書館まで歩いて行くことにした。ホテルからはりまや橋辺りまで、歩いても時間はそうかからない。交差点でぐるりと首を回すと、清酒の看板が至るところにあった。

「高知の女は〝はちきん〟で酒が強くないといかんです」

最初の晩、ホテルのフロントに働く女性スタッフがそう教えてくれた。〝はちきん〟とは「おてんばで少々男まさりの女の子」(『高知方言辞典』)というような意味らしい。おまけに、しっかり者で働き者で、酒もめっぽう強いニュアンスも含まれる。こういう女性が活躍する土地に公文公は生まれた。

高知城の足元にある県立図書館に行った。二階の閲覧室で、公文式、公文公、公文家……と、まずコンピュータで検索を始める。ところが目指す資料は何ひとつ出てこない。司書に相談しようとカウンターで「公文式を始めた公文公に関する資料ならどんなものでも結構です」と長いリストを渡した。すると司書は「誰？ これ？」といった表情で私を見た。あれこれ話すうち、司書の一人が一枚のコピーを探し出してくれた。

そこには、

公文とは上古院宮、幕府、寺社、勢家等の荘園記録など取り扱ひたる職司なり……土佐にては六百年来、高岡郡に其の氏族あり、系流平氏なり　（寺石正路著『土佐名家系譜』歴史図書社、一九七六年）

とある。The Kumon Way の源流を遡るのに、平家まで辿り着く必要はないかもしれない。公文家は、かつては神社に仕えた時期もあったらしい。

公の父親は熊之助《くまのすけ》といった。母親は小良《こよし》。熊之助は一九三七（昭和一二）年一月に五二歳で他界している。母の小良は一九六一（昭和三六）年四月に七三歳で世を去った。公は豊かな農家の八人兄弟の次男として一九一四（大正三）年三月二六日、高知市大津乙に生まれた。公文公の高知時代の土佐中学の教え子で、「くもん子ども研究所」（二〇〇五年に閉鎖）元顧問の中城正尭《なかじょうまさたか》（七〇歳）によれば、公の父、熊之助は小学校のとき野良仕事がたまらなく嫌で、中学へ行かせてくれと親にせがんだ。中学に行かせてもらえば農業は手伝う、と訴える熱意にほだされて、親は熊之助を中学に行かせたという。中学卒業後、しばらく家で農業をしたものの、勉学への思い断ち切れず、親を説得して師範学校の一部に入学。卒業すると一八歳で小学校の教師になった。しかし、ひょんなことから、酒造りの権利を買い、造り酒屋「常盤酒林」に転業することになる。熊之助は造り酒屋の店を高知市常盤町（現二葉町）に構えることにした。吟醸酒「朝の峰」の醸造が始まった。

公は一九二〇(大正九)年、下知《しもじ》小学校に入学した。公の上級生には、作家の宮尾登美子の実兄もいた。造り酒屋の公文家と宮尾登美子の生家である岸田家は、ものの二〇〇メートルも離れていなかった。常盤町にあった公文家の裏手には、当時、緑町という花柳街が広がっていた。この下知小学校で四年生のとき、担任の教師が生徒たちに「算術は自習で先へ進んで良いのだ」といったことから、公は自習で学ぶ楽しさを初めて体験した。公は何事に寄らず、自分で発見したことはトコトン試してみたくなる性分だったらしい。だから「自学自習」で学ぶ楽しさを覚えると、何でも自学自習で学べるはずと思いこんだようだ。公のこうした性格は父親譲りだと、公文公の家族を知る古い知人たちが言う。

新しもの好きで進取の気性に富んでいた公の父親、熊之助もこと商売に関してはからきし駄目《だめ》らしく、造り酒屋もうまく行かなかった。その上、機械道楽の熊之助がオートバイに熱を上げたりしたこともあり、公文家の台所はいつも火の車だった。そういう日々の生活の中で、次男の公はマイペースでのんびり、いつも何か考えるのが好きな男の子だった。

公は小さな頃からよく母親に「お前は、ごくどうものじゃ」とたしなめられたという。ごくどうもの。極道者ではない。高知の土地の言葉で、〈のらくらした無精者〉というほどの意味らしい。公は、母親から「ごくどうもの!」と叱られるたび、「ごくどうものでいけるもんが、いちばん利口じゃないか」と口答えした。最小努力で最大の効果をあげるのがいい、ガンバリズムなど要らないし、竹ヤリ精神は百害あって一利なし、という〝省力思想〟といおうか合理精神といおうか、そういう気持ちが公には子どもの頃から具わっていたのか。いや、ようするに勉強が嫌いなだけだったのかもしれない。

「そんなに勉強がいやなら会社の給仕にでもなったらいい。たばこを買いに行かされたとき、おつりくらいはもらえるよ」。仲のいい友だちにそう言われた。これはさすがの公にもこたえたようだ。中学ぐらいは出てなければと思い直し、私立土佐中(旧制)を受験、見事に入学出来た。一九二六(大正一五)年のことである。

自学自習

土佐中学は一九二〇(大正九)年に土地の二人の豪商が資金を拠出してつくった私立校だった。公は七期生だ。全校合わせて一二〇名のこぢんまりした学校だった。一学年一クラス。一クラス、二〇名から三〇名の編成だ。土佐中は、出来の悪い子にクラス全体のペースを合わせるような〝護送船団方式〟は取らなかった。出来のよい子の力をさらに伸ばす英才教育を進めた。基本的なことは教えるが、あとは自分で学習すべしの「自学自習」主義をとった。それを推進したのは、土佐中初代校長の三根円次郎《みねえんじろう》だった。往年のジャズ歌手、ディック・ミネの父である。

土佐中の「自学自習」と「先進学習」は公の性分に合った。他人から尻を叩《たた》かれたり、教師から講義を押しつけられるのは嫌いだった。自分で好きなことを自分のペースで進めていくのが心地よかった。好きなものがますます好きになる。それが気持ちよかった。人間に得意な分野を本能的に伸ばそうというタイプと、不得意な分野を反射的に直そうというタイプがいるとすれば、公は間違いなく前者だった。

得意なものの一つに、トランプの「神経衰弱」があった。公の妹の純子(渡邊純子)は、子どもの頃、正月には公とよくそれをして遊んだ。トランプの「神経衰弱」とは、裏返しに広げたカードの中から、二枚ないしは四枚ずつ同じ数字のカードをめくり当てるゲームである。当てたカードの数字を足した点数で勝敗を争う。要するに、記憶力、集中力、計算力、注意力などを競う子どもの遊びである。そういう点は公は子どもの頃から得意だったようだ。何かに秀でれば、その自信と余裕で苦手な教科も吸収しやすくなる。だから、早く何か、一点突破、得意技をつけるのが望ましい。公は後に、そういう思想を持つようになるが、それはずいぶんと後になってのことである。

好きなことだけうまくなればいいという傾向は、下手すれば偏食傾向をもたらしかねない。公には少しそういう気味があったかもしれない。姪の公文公子《くもんきみこ》は、公という人は自分の好きなことだけは実に記憶力が良かった、と笑いながら私に話した。「ごはんの食べ方も公文式とでもいうのでしょうかね。特徴があるのです。嫌いなものは全部選りだして、好きなものだけを食べるんです。ニンジンは大嫌い。だから、五目寿司に入っているような細かいニンジンも全部除《よ》けてました。あと除けていたのが、おじゃこの頭」。

もちろん、土佐中の英才教育はそんな中学入りたての生徒のマイペースでこなせるほど柔《やわ》なものではなかった。二七名のクラスメイトの半数近くは〝予科〟からの進級者だった。これは、小学校卒業後、二年間を土佐中で予科生として学んできた生徒のことで、一学年分以上進んだ学力を身につけていた。小学校六年生からいきなり本科に入った公は彼らに圧倒された。一年生を終える頃、公は落第するのではないか、との恐怖感に囚《とら》われた。日本史・古代史で有名な井上清（京都大学名誉教授）も当時、土佐中学で公文公ともども、落第の恐怖感を分かち合った一人である。ただ、公には数学という得意分野があった。土佐中の「自学自習」のおかげで、数学はさらに好きになった。

初めて方程式を習ったとき、〈こんな面白いものをどうして小学校で教えてくれなかったのか〉と、学校を恨んだほどだ。小学校の終わりごろに、つるかめ算、植木算など算数の応用問題で苦しんだ。そのとき方程式を教えてくれれば、つるかめ算など簡単に解けたのに……後に公は、「生徒の学科の得意不得意は、教師のその一言で決まる」と言ったものだが、それは小学校時代の経験を踏まえている。教師から、「お前は算数に向いてない」と言われると、その生徒はまず間違いなく落ちこぼれてしまう。自分は文章が下手だと思いこんでいたのも、小学校の教育のせいだと公は思った。小学校時代、作文を教師に一度もほめられたことがない。クラスでもビリに近いレベルと教師に匂わされたこともあった。少なくとも公はそう思い込んでいた。

「自学自習」は公に自信をつけさせた。「勉強したい子どもはどんどんやればいい。それを抑える権利はだれにもない」という公文公の〈いいところを伸ばす〉教育方針は、母校、土佐中学がスプリングボードになっている。

一九二五(大正一四)年。土佐中卒業。旧制高知高校(現高知大学)入学。数学に比べて国語は不得手だった。決して嫌いではないのだが、試験の成績は良くない。公は読書好きだったが、家には蔵書というほどのものはなかった。家計は苦しかったから、欲しい本を買ってもらえなかった。

一九二七(昭和二)年、岩波文庫が刊行された。岩波文庫は、「予約出版の方法を排したるがゆえに、読者は自己の欲する時に自己の欲する書物を各個に自由に選択することができる」という、岩波茂雄の発刊の辞を発表している。公はそれを読んで感激し、長くその言葉を覚えていた。

旧制高知高校では理科に入学した。英語とドイツ語が必須科目だった。英語は原書講読のみ。英文法も英作文もなかった。原書講読は、ワシントン・アーヴィングの『アルハンブラ物語』、ジョン・ラスキン『胡麻と百合』、コナン・ドイルの『シャーロック・ホームズ物語』などだ。

英作文は、三年生になって教わった。公は、原書講読で英語の構文に慣れ親しんでいたため、英作文は得意科目となった。どの言語に限らず、原文で本を丹念に読むことで、知らず知らずのうちに語学力がつく。国語でも英語でも本をどんどん読むことで新しい語彙が増え、単語を覚える。「語学の基礎は、読むことにある」。公文公のこの考え方の原点は、高知高校時代の原書講読にあった。しかし、英会話は苦手だった。土佐中時代、キリスト教の宣教師である英語のネイティブ（母語を話す人）に英会話を教わったが、いつまでも上達しない。いくら外国語をネイティブに教わろうが、会話をしようが、その瞬間だけさえずって見ても、積み上がらない。語学には、予習と復習が欠かせないのである。

こうした公を見て、父親は家業の造り酒屋を継がした長男より次男の公に多くを期待したようだ。

大阪帝国大学数学科

一九三三（昭和八）年、大阪帝国大学理学部数学科に入学した。東京帝国大学受験を考えたこともあったが、ドイツ語が受験科目にあるので敬遠した。

大阪帝国大学が設立されたのはその二年前である。初代総長は世界的物理学者、長岡半太郎だった。長岡は研究室での研究に没頭し、日露戦争が起こっていたことを知らなかったという逸話の持ち主である。

公たち理学部数学科入学生一二名は一期生だった。長岡は、彼らの入学式の式辞で、この逸話を自戒を込めて、披露《ひろう》した。〈研究者といえども、国家の一大事も知らずにいるような浮世離れではいけないということを先生は言おうとしているのだろう〉と公は思った。

当時、数学科の教師に、正田建次郎《しょうだけんじろう》がいた。正田は美智子皇后の伯父に当たる。ドイツのベルリン大学とゲッチンゲン大学に留学し、帰国したばかりの新進気鋭の数学者だった。正田の著した『抽象代数学』は難解で有名だった。正田は講義が終わると、クラスの学生を誘って中之島に新設された新大阪ホテルの喫茶室へ行く。そこでコーヒーを飲む。公は正田ゼミを選んだ。ところが、またしてもドイツ語が壁になった。正田からドイツ語で質問されると公はうろたえ、答えが出てこない。「内容を直訳したまえ」と言われると、もっとしどろもどろになった。数式は理解できるのに、教科書(代数関係)がドイツ語だったことが公を苦しめた。

大学二年生のとき、公は長兄と父を相次いで亡くした。公の人生で辛《つら》く悲しい時期である。就職を考えなければならないとき、保険会社に勤めようか、それとも教師になろうかと悩んだ。保険会社を考えたのは大学で保健数学をとっていたためである。保険数学というのは単純化して言えば、人間の年齢と死亡の関係を研究して保険料を計算する学問である。それをそのまま役立ててもよかったが、公は結局は、教師の道を選んだ。「高知県立海南《かいなん》中学校(現・高知小津高校)が数学教師を求めているが、どうか」と担任教授にいわれたとき、郷里での学校勤務なら母も喜ぶだろうなと思ったためらしい。

海南中学に勤めてまもなくのころ、公は徴兵検査を受けた。校長から公は「検査を受けるので一年間は嘱託にする。だが、甲種合格(戦地へ赴くための入隊)になったら、黙って退職願を出して欲しい」と言われた。検査の結果は甲種ではなく第二乙種。翌年三月に公は海南中学の正教諭として採用されることになった。海南中学は土佐藩校の流れを汲む中学海南学校と、比較的新しい城北中学という二つの県立中学校が合併して出来た学校だった。

教師になった公は、「自学自習」を基本に生徒を教えることにした。教科書を恭《うやうや》しく押し戴くような教科書信仰は公にはなかった。だから教科書を先へ進めるためなら生徒がトラの巻を使うことも歓迎した。生徒に〝参考書はどんなものがよいか〟と聞かれた公は「教科書の答えが載っているようなトラの巻がいい」と答えた。そんな公に、教師経験の長い同僚は唖然《あぜん》とした。

公の講義は、面白いがときどき難しくて分からなくなるという評判が立った。それも計算の内だった。生徒は分からなくても困るが、分かりすぎてもいけない。適度な緊張感を持たせるのがいい。だから、ちょっと高度な内容を混ぜてみる。それが授業のアクセントというものだ。この発想は、公文教育研究会の算数教材にも受け継がれている。解が一桁《けた》の簡単な足し算のなかに、解が二桁の計算問題を紛れ込ませてみたりする。流れの中で、少し難易度の高い問題をあえて入れる。時折、非連続にして、ジャンプをさせてみるのだ。

公は、海南中学の生徒に強い印象を残したようだ。ひとつは公が、生徒全員の名前を正確に覚えていたことである。高知在住のジャーナリスト、山田一郎(八五歳)は、海南中学で公に教わった一人だが、公の授業を懐かしんだ。「ボクは〝ガンマー組〟、つまり、アルファ、ベータ、ガンマーのビリの組でした。全然勉強する気がなくて。でも、公文先生はボクの名前と座っていた席を覚えていて下さったんです」。

何十年経ってから恩師と出会ったという教え子も少なくない。山本一男もその一人だ。山本は中二の時、公に教わった。公はよく覚えていた。公はその山本から五〇年ぶりに電話をもらった。工業デザイナーになり、それからコスチューム・デザインを手がけた。その才能は山本の息子になってさらに進化し、開花した。息子は、ファッション・デザイナーになった。山本は電話口で公に誇らしげに言った。「息子は山本寛斎と言います」。

日中戦争、満州、終戦

一九三七(昭和一二)年、日中戦争が勃発した。翌年九月、公は満州(現・中国東北地方)に出征した。公が所属した第一一師団四四連隊は坂出から船で今の韓国・釜山へ行き、釜山から列車で北へ向かっていった。途中の駅や線路の両側には現地の小学生が並び「日の丸行進曲」を歌ってくれた。差し入れのリンゴは、小さくて酸っぱかった。列車はその後、満州に入り、奉天(現・瀋陽)、ハルビン、東安と進んだ。

連隊は、関東軍の指揮下に入った。東安には兵隊の数が多く、日本人が町にあふれていて治安も良かった。日曜日は演習がない。公は日曜日になると弁当持参で町へ出かけた。お目当ては書店である。東安の町には書店があった。そこには出版されたばかりの岩波新書の『奉天三十年』(クリスティー著/矢内原忠雄訳、一九三八年)や『萬葉秀歌』(斎藤茂吉著、一九三八年)などが並んでいる。それらを買った。消灯ラッパが鳴る夜九時になればトイレへ行って読む。外の気温はマイナス四〇度まで冷え込んだ。それでも公は寒さに耐え、懐中電灯をたよりに毎晩ひたすらトイレで岩波新書を貪り読んだ。

連隊で公は経理担当をさせられた。数字に強いことが買われたらしい。途中から炊事担当に回された。食事のカロリー計算をするためだ。一日三八〇〇カロリー。米六〇〇グラム、麦六二グラムを主食に献立を立てて計算する。白菜一グラムで、砂糖は、小豆は、と計算するのは面白かった。しかも食糧の番人なので、下士官も頭を下げてやってくる。

中国語の美しさを知ったのも奉天だった。現地の小学校で日本語を教えている中国人の男性教師から中国語を教えてもらうことになった。毎日、放課後になると彼のところへ行き、論語や孟子について日本語と中国語を交えて話した。

そんなある日、教師が当時流行《はや》っていた中国の歌の歌詞を公に書いてくれた。「何日君再来」(いつの日きみまた帰る)である。日本では李香蘭《りこうらん》(山口淑子)が歌い、一九四〇(昭和一五)年の大ヒットとなった。教師はその歌詞を中国語で朗読してくれた。公は音韻の美しさに惹きつけられた。〈語学は、歌から勉強をはじめた方が、楽しくて単語も覚えやすい〉とそう実感したのである。このときの強い印象が、〃できるだけ早く歌二〇〇曲を覚えさせよう〃という幼児教育の発想の下敷きになったと、公は後に回想している。

一九四〇(昭和一五)年、公は高知へ戻った。満州での軍隊生活は二年一〇カ月に及んだ。公が満州で所属していた師団はその後、ニューギニアに派遣されそこで全滅した。もっとも、公がそのことを知ったのはずいぶん後になってからである。

就職の話はいくつかあった。公は茨城県の霞ヶ浦のすぐそばにあった「霞ヶ浦航空隊土浦分遣隊」(のちに土浦航空隊と名称が変わる)で予科練習生に数学を教える仕事を選んだ。教科書は教官が手作りする。土浦航空隊で一年務めた後、公は岩国の海軍へ転属した。その頃には戦局は日々悪化し、本土空襲も始まった。予科練の学生への授業は開店休業状態。読書と研究に明け暮れる日々だった。

一九四五(昭和二〇)年三月、公は結婚した。相手は長井《ながい》禎子《ていこ》といい、奈良の下宿先の大家の世話で見合いをした女性だった。新婚生活は公の次の赴任先の海軍浦戸航空隊のある高知で始まったが、当分の間、二人は高知市内と浦戸航空隊に分かれてすむことを余儀なくされた。

その年の七月、高知市は米軍のB29に爆撃され、公の生家も大きな被害を受けた。八月、終戦間際、高知市は再び米軍の空襲に見舞われた。そのとき、公はたまたま帰省中だった。公と禎子は夜中、雨のように降り注ぐ焼夷弾《しょういだん》の下を逃げまどった。夜の白むころ、二人は衣笠近くの国分川畔に辿り着いた。この空襲で、高知市は七割近くが焦土《しょうど》と化した。公の生家は全焼した。そして、終戦。

公文式の誕生

海軍は解体された。公は、母校の私立土佐高校に数学主任の職を得た。ここで、公は数学教育の新機軸を打ち出した。

公は戦前、高知へ戻る前、大阪大学での恩師の正田建次郎に会いに行った。正田は阪大総長になっていた。「キミ、灘や甲陽はえらいことやっとるぞ。代数を三時間、幾何を三時間教えとるぞ」。正田はそう公に言った。神戸の中学・高校一貫校、灘と甲陽のことである。戦前、公立の旧制中学では数学を週三時間教えた。戦後になって新制の公立高校の多くは、数学の時間を少なくしていた。公は、正田の言葉を思い出し、〈灘と甲陽に負けないような数学教育をしたい〉という思いを募らせた。

公は、土佐高校独自の数学カリキュラム作りに取りかかった。数学の四時間のうち、三時間は文部省検定の生活単元教科書を使う授業を行い、残り一時間は旧制中学の代数の授業を行うことにした。〝旧制中学の代数〟に費やす一時間、この一時間が勝負だ。そう言って、公は校長と同僚を説得にかかった。

週一時間の代数授業でどれほどの違いが生まれるものか。誰もが半信半疑だったが、実験的にやってみようということになった。その時間は「自学自習」にする。生徒に自主的にどんどん先へ進ませた。分からないところがあれば公に聞きなさいという方法である。灘や甲陽が三時間かける代数の授業に土佐高校が一時間で追いつき追い越すには、自学自習の個人別学習しかない。

一九五一(昭和二六)年、公は神戸市の灘中学を訪れた。中学三年生の数学の授業を参観させてもらったとき、代数に限れば土佐高校は灘に遅れていないと自信を深めたという。

一九五二(昭和二七)年、公は大阪市立桜宮高校で教鞭を執ることになった。家族は、大阪府守口市に転居した。禎子は高知がどうしてもなじめなかったようである。空襲の思い出があまりにも強烈だったのだろうか。

禎子は歌人だが、空襲の経験だけは歌に詠むことができなかった。

遂に馴染めぬ土地と思ひゐたり
冬寂びの雑木木原は夕茜して

禎子、一九四七(昭和二二)年の作である。

公は、教室で生徒を教えるほか、自宅を開放して生徒に自由に勉強させることを心がけた。それは、土浦の海軍航空隊の予科練習生を教えた時代から一貫していた。忙しくて自ら面倒を見ることができないときは、大学生のアルバイトを雇って家庭教師集団を結成した。向学心のある生徒からも、学資の足しにしたい大学生からも喜ばれた。

公文公は、自分の子どもは本を読む子どもに育てたいと思っていた。長男の毅《たけし》には、二歳になるかならない頃から「桜井の決別」(青葉茂れる桜井の　里のわたりの夕まぐれ)や「地理教育　鉄道唱歌」(汽笛一声新橋を)の歌を教えた。毅がもう少し大きくなると、公は本を与えた。毅のために選んだ本は、毅の年齢や学年よりもちょっと高いと思えるレベルの本だった。頑張るくらいの方が毅が潜在的に持つ能力もより引き出されるだろう、そう期待したからだ。このあたりになると、公もあたりまえの「教育パパ」だったのかも知れない。毅が小学校に入る二年前から雑誌は『小学二年生』を、小学一年生になると『小学四年生』と『小学五年生』を、小学二年生になったときには『小学五年生』と『小学六年生』を与えた。こうして毅は、父親の期待通り、本をよく読む子に育っていった。公は毅に本を読む習慣さえつけておいてやれたら、毅は自分から進んで勉強する子になるはずだと信じていたようだ。

確かに本を読めば誰でも大なり小なり好奇心が湧いてくる。知的興味も生まれる。だいいち本を読むという営み自体が、脈絡と意味を考える訓練になるし、その訓練なしには本を読む楽しみは味わえない。公は自分から進んで本を読む小学生になった息子を見ながら、この子に自分が算数を教えてやる必要はないと思っていた。それはおせっかいくらいに考えていた。ところが実際は、公の考えるようにはいかなかった。

ある日、公は禎子に一枚の紙を見せられた。毅のズボンのポケットから出てきたという。それは、大阪府守口市滝井小学校の二年生になった毅の算数の試験答案だった。公は愕然《がくぜん》とした。38＋15の足し算がまったく出来ていない。公は毅に、計算だけに絞り込んだ練習を家でさせることにした。無理をしないように、途中で止まらないように、少しずつ程度を上げていけるように、数種類の問題集を参考にしながら、公は教材を作った。

それから、練習を始めるに当たって、「きまり」を作った。

▽毎日、夕食前に三〇分、自習する

▽教科書は参考にしない

▽途中で止めない

▽夕食後は一切勉強も勉強の話もしない

勉強の監督は禎子が、採点は公が夜のうちに済ませ、間違いがあれば、必要な注意を書いて毅に渡した。

最初は、二桁の足し算でなく二桁のかけ算を計算できるような目標を設定した。それを乗りこえると、「三桁の数を一桁で割る」分数計算に取り組む。見る見るうちに上に進んだので、いったん手書きのドリル練習を打ち切った。だが、毅は呑み込みは早かったが、忘れるのもまた早い。ドリル練習をうち切ると、毅の成績はふらつき始めた。やり直しである。目標はもっと高く持たせる必要がある。中途半端な目標では、すぐ達成してしまうし、慢心してしまう。夏には、一元一次方程式に挑んだ。小学三年の終わりまでに三元連立方程式を終了。因数分解、二次関数、高校程度の微分、積分……。公はそのように毅に自習用の教材を作った。それが後の「公文式数学教材」の素材となるのである。

一九五七(昭和三二)年、一家は大阪府豊中市上野坂に引っ越した。子どもたちの学校区を考えて、大阪府の分譲地を手に入れたものだ。

父親の手作りの「公文式教材」でグングン学力をつけた毅を見て、公は、自信を深めた。禎子の方がもっと自信を深めたかも知れない。毅を自習形式の学習法で教え始めてから二年が経ったころ、禎子は「近所の子どもにも声をかけ、我が家の二階で週に三回の算数教室を開きましょうよ」と言い出した。

言い出しっぺである、禎子がその算数教室の〝指導者〟になった。もちろんまだそのときは、公文式教室を主宰する「指導者」という呼称はなかったが、禎子は公文式学習史では、公文教育研究会（当時は公文数学研究会。一九八三年、現名称に改名）設立第一号指導者とされている。

呼びかけに応じて、毅の友だちをはじめ一〇人ぐらいが集まった。しばらく教えてみて、確実な感触をつかむことができた。この調子なら、五段階評価で算数が4の子なら二、三カ月で5に引き上げることができる。2の子でも半年あれば4まで引き上げることができる。「市内にあるふろ屋の数ほど、うちの教室ができればなあ」と二人で、そんな夢を語り合ったこともある。

そのうち、公のかつての生徒で小学校教師をしたこともある浅野悠紀子《あさのゆきこ》が「大阪市東淀川区の自宅で教室を開いてみたい」と申し出た。公は喜んで教材を渡し、週に三回の算数教室を開いてもらった。しばらくした頃、浅野はこんな話をした。子どもたちは一日おきに通って来ればよいのに、「問題がおもしろい」と、毎日来てしまうという。まだコピー機のない時代である。「おばちゃんが問題を書き写すから、それまで野球でもしてきてよ」と追い出し、大急ぎで用意する。浅野悠紀子のこの教室が公文式算数教室の〝フランチャイズ〟展開の第一号となった。もっとも、そのときはまだフランチャイズどころか事業も立ち上げていなかった。公はそれまで教師生活しか知らない。とても「立ち上げ」どころではない。

それを公に強く勧めたのが、高校時代の同級生で、会社を経営していた野村雅実だった。野村は「事業として教室を展開したらどうだ」といい、自分の会社の中に公文式教室の事務所用の部屋を提供してくれた。公は、教室になりそうな場所を歩き回って探し、チラシをまいて生徒を募集した。「指導者募集」の三行広告を新聞に載せた。それを見て、多くの女性が集まった。家庭にくすぶっているのに飽き足らない高学歴の主婦たちだった。教室は八〇を超え、生徒も二〇〇〇人を上回った。

当初は、公が教室と生徒を確保し、そこへ指導者を派遣する「直営方式」だったが、教室の賃貸料や人件費がかさみ、大赤字となった。そこで、それぞれの自宅で教室を開き、生徒も自分たちで募集するフランチャイズ方式に切り替えた。印刷した教材を事務局から届ける代わりに、生徒一人当たり決まった額をロイヤリティー(権利使用料)として受け取る方式である。一九六三(昭和三八)年のことである。

一九六八(昭和四三)年、公は三三年間に及ぶ教職生活に別れを告げた。公文数学研究会の仕事に専念するためである。

一九七四(昭和四九)年、「小学生でも方程式が解ける」と銘打った『公文式算数の秘密』(廣済堂)が出版された。発売直後からベストセラーとなった。公文数学研究会東京事務局への問い合わせの電話は朝から晩まで、日曜も休日もひっきりなしにかかってくるありさまだった。電話の主はきまって同じ質問をした。「近くの公文式教室へ通いたいので場所を教えてください」。だが、東京周辺では問い合わせの半数は近くに教室がない。そこで通信指導を受けつけることにした。通信学習生が急増した。売り上げは一六万部を超えた。本はいまも売れている。復刻版を合わせて六〇万部を超えるベストセラーでありロングセラーである。

実は公は、本の出版の話が進んでいることはまったく知らなかった。

東京・新宿御苑前の公文事務局に二人の若い編集者が突然、飛び込んできて、公文の本を出したいと提案した。紹介も約束も何もない。応対に出た事務局員(岩谷清水《いわたにきよみ》、後に取締役・教育主幹)が、二人の話を聞くうち意気に感じ、「よし、書きましょう」とその場で約束してしまった。編集者の一人は見城《けんじょう》徹《とおる》だった。見城は後に角川書店に移り、月刊『カドカワ』の編集長を務めた。公文公はそれから一四年後に出版した『復刻版　公文式算数の秘密』(くもん出版)の序文の中で、見城について「いまでは芥川賞や直木賞の受賞作家を育てるほどのすぐれた編集者となっています」と讃えている。見城はその後一九九三(平成五)年に「幻冬舎」を興し、数々のベストセラーを世に出しているが、ベストセラーづくりの原点は『公文式算数の秘密』だった。

この本の出版によって、公文式は一躍世に知られるようになった。一年後、公文教室の数は一九六〇カ所、生徒数一一万人とほぼ二倍に膨れ上がった。

公文公の教育思想

もっとも、公文式が広がるにつれて、さまざまな批判も寄せられるようになった。

「計算ばかりじゃないか」

「一握りのための英才教育、エリート教育ではないか」

「学校教育の領分を侵すものだ」

「これもまた詰め込み、これから必要なのは創造力を高めるためのゆとりだ」

公にとっては不本意な批判に違いなかった。公は、それらに積極的に反論、反批判した。公は英才教育の必要性を信じていた。自分が通った土佐中学以来、それは自らの教育の糧となったし、そのすばらしさを自分の生徒たちにも分かち合いたいという情熱を抱いてきた。そのことに臆するところはない。

同時に、公は次のようにも述べている。

「落ちこぼれ」と言われて意気消沈していた子どもたちが、学年より下のレベルから学習を始めたことによって、少しずつ自信を回復し、「勉強が好きになった」と喜んでくれることが、何よりうれしかった。

たくましい指導者たちは、施設の恵まれない子どもたち、心身に障害がある子、えんぴつを握ることのできない幼児でさえ積極的に受け入れていた。

（『朝日新聞』「ビジネス戦記」平成四年一一月二八日）

公にとって公文式学習の中軸は、「家庭教育」と「家庭学習」なのである。公がつねに強調してきたのは、子どもの教育における母親の決定的に重要な役割である。

「悪いのは子どもではありません。母親でもありません。さりながら、幼児の能力差は母親の能力差と言わざるをえないのもまた事実です……」、「あせらず、腹を立てないで子どもの存在を認めてやること。少々家事に手を抜いてでも、子どもにかまってやることですね」

（公文公自伝『やってみよう』くもん出版、一九九一年）

公文式が理解されるかどうかも、母親たちがどこまでそれを理解してくれるか、による。公文式教室を始めた当時、公が言わんとするその理念と学習法が母親たちになかなか分かってもらえなかった。「本当の教育ママに会いたいものだ」と公はそのころよく口にしていた。『公文式算数の秘密』の復刻版に「公文式誕生と成長をたどる」と題して序文を記した公文教育研究会の岩谷清水は、その思想を次のように説明している。

「子どもは両親に属し、家庭に属するものであって、その教育は両親が責任をもって行うべきものである。教育のすべてを学校に任せようとするのは根本的な誤りであり、教育は家庭と学校の両方で行われるべきものである。公文式教育は、学校教育に代わるものとして存在するのではなく、毎日学校に行っている子どもたちに対して、家庭学習として何を、どのようにさせるのが、子どもにとってもっとも望ましいかという立場から考えられたものである」

「公文式はなるべく学校とは重複させないように教材を作成し、子どもたちを指導していく。公文式は家庭学習であるから、個人別、能力別であり、それゆえ質の高い学習をすることが出来る」

公文式の「秘密」には、さまざまな要素が含まれているのだろう。その中には、自己規律、継続、習慣、挑戦、自信、といった精神面での訓練、鍛錬の要素がある。

自由課題に挑むにしても、まず、規定課題をこなさなければならない。それは国語であり算数、そして、いまはそれに加えて英語、である。読解力と計算能力である。浮ついた「ゆとり教育」などの入り込む余地はない。公も言っている。

最近の学校教育では「ゆとり教育」の必要性が声高に叫ばれていますが、人間にとって「ゆとり」とは一体なんでしょう。厳しい現実社会を生き抜くために、いろいろなことを学ばねばならない子供たちにとってお仕着せの「ゆとり」を強制するよりも、勉強したい子供たちに精いっぱい勉強できる機会を与えてやる方が、将来的にははるかに意味があると思いますよ。「塾」という言葉はあまり好きではないのですが、能力の可能性に挑戦する限り「塾時代」は続くと確信しています。

（『毎日新聞』平成三年八月二九日）

九〇年代のその後の「ゆとり教育」の惨憺《さんたん》たる結果を見るにつけ、「お仕着せの「ゆとり教育」」をいち早く正面から批判した公の先見性を讃えるべきであろう。厳しい現実社会を生き抜く「生きる力」を子どもにつけさせず、社会に放り出すことほど無責任な政策はない。自助と自立の精神と能力をつけさせることが教育の基本でなければならない。公はそうした生活者から見た教育のイロハを述べたに過ぎない。

ホワイト博士

公文公は、個人別学習のための具体的な学習法を開発した発明家であり、それを広めた普及者でもあった。個人別学習という思想や理念を打ち立てた教育者は公文公以外にも多い。しかし、公文公は、その有効な方法を開発し、実現した。

「公会長は愛する我が子のために、まさにエジソンの言う一パーセントのインスピレーションと九九パーセントの絶対にあきらめない努力、汗によって、公文式という個人別学習法をただ一人でこの世に送り出したのです」(『道　人こそすべて』)と公文教育研究会の前社長である杏中保夫《あんなかやすお》は言っている。

公文公は、しばしば天才肌と形容された。その言葉は、その才能を称賛しながらも性格には留保をつける微妙な言い回しにもなりうる。公文公の場合も、その例外ではない。公文公は聞き上手(good listener)とは言えなかったかも知れない。公には、思いこみと独断のきらいがあった。自説に固執し、人の意見を聞く耳を持たないという印象を人に与えてしまうことも度々だった。公文式が全国に広まり、公文公がカリスマ指導者となるにつれて、その傾向は強まったのかも知れない。

禎子も、公がいつのまにか「予言者」のような存在に祭り上げられ、本人も半分その気になって夢物語のようなことを語るのをハラハラして聞いたものである。「常に先を見ていて、予言者のようなことを自分にも周りにも言ったんです。大阪の教室が増え、福岡に息子の毅が事務局を作ったとき、「世界四〇カ国はいくな……」みたいなことを私に言ったんです。私はゾッとして、「止めてください。やっと大阪と福岡に事務局が出来たくらいで、世界四〇カ国だなんて、大風呂敷と思われるから口を謹んで下さい」とたしなめると、ウン……と言ったきり、私にはそういうことは言わなくなりました。でも、外ではそんなことばかり言っていたのでしょうか。結果的には、そういう大風呂敷もピタピタと当たってしまうことが多かったようですが」。

そうした公の性格にげんなりした思いを抱いた人がいたことも事実である。幼児教育専門家として知られるバートン・L・ホワイト元米ハーバード大教授もその一人である。ホワイトは公文教育研究会の求めに応じて公に東京で会った。一九八五（昭和六〇）年のことである。ホワイトは、ハーバード大学大学院で「未就学児童教育研究プロジェクト」の研究主査を務め、さまざまな幼児教育の研究成果を発表していた。その成果は「全人格的な子ども（whole child）」理論へと結実した。「あらゆる面でバランスの取れた全人格的な子ども」を育てるにはどうすべきかという幼児教育論である。

公に会った頃は、ミズーリ州でその理論を実践に移すため、「教師としての新しい両親」（NPAT）プロジェクトを立ち上げていた。ミズーリ州議会が、教育制度の一環としてこのプログラムを全州で行うことを義務づける法律を可決したばかりだった（実際は、この試みはスタッフや予算不足により失敗に終わった）。

彼の著書『（決定版）ホワイト博士の育児書　3歳までに親がすべきこと』（吉岡晶子訳、くもん出版、一九九七年)によれば、全人格的な子どもとは、言葉の発達、知能の発達、社会性の発達など、人間としてバランスの取れた子どものことを指している。人間が社会で生き抜く動物である以上、他人の気持ちを忖度し、周囲とうまく協調できる能力は決定的に重要なことである。博士は、そうした子どもに育つかどうかは三歳までの幼児教育次第であると説く(この本の日本語訳には、「生まれてから最初の3年間――それは、親が子どもにいちばん大きな〝プレゼント〟をできる期間です。本書はそのためのガイドブックです」との宣伝文句が記されている)。

生まれたばかりの赤ちゃんが親の注意を引くために泣くという知恵を身につけるのに一年もかからない。しかし、泣けば自分の思い通りになるという「自己中心」の感情をそのまま放って甘やかすのではなく、大人にも大人の権利があるのだと「自己中心の限界」を赤ちゃんに教える必要がある。そうすることで、赤ちゃんは社会で生きていく知恵もまた学ぶことができる。そのように説くホワイトは、「望ましくない育て方」をいくつか具体的に記している。たとえば「二歳から三歳まで」では、「知能の発達ばかり重視する」ことを最初に取り上げている。

頭がよいことと順調な発達とを同じものだと考えてはいけません。人よりまさる知能をつけさせようとすると、知能と同じくらい大切な能力や知能以上に大切な能力の発達がないがしろにされてしまうことが、あまりにも多いのです。

(前掲書三一一頁)

公がホワイトに会ったとき、公は自分の学習法の実践効果や事例を聞いてもらいたかったようである。ところがせっかくの出会いもトゲトゲしい雰囲気で終始した。

「私たちの仕事をどうお思いになりますか」。そう尋ねた公文公に対して、ホワイトは聞き返した。「まず教えていただきたいことがあります。公文のカリキュラムのどこに——算数の学習能力と知的可能性を伸ばすということ以外——教育目標が書かれているのでしょうか。それから教えてください」。その途端、公は露骨《ろこつ》に不愉快な表情をした。「そんなことは自明の理ではないか」と言わんばかりにホワイトをジロリと見て、公は言った。

「算数が出来るようになって自信がつけば、その子どもは性格もずっと円満になってゆく。周りの子どもたちや大人たちとも良い関係を持てるようになる。事例はたくさんあります」。ホワイトは納得しなかった。子どもに自信を持たせることは大切なことだ。しかし、その子どもがそれによって円満な性格を帯びるわけではない。周りとうまくやれることを保証するわけではない。そちらの事例もたくさんある。

「あのとき、公文の方針は明らかに知的能力の開発だけに焦点を当てていました。アメリカでも六〇年代から移民が増えたり新しい中間層が生まれてきて、米国で成功するには一にも二にも能力だ、学力だ、点数だ……といった傾向はありました。しかしその一方で、私がハーバードで多くの研究者と一緒にやっていたような研究も重要だと理解されつつありました。それは子どもの円滑な成長は成績重視だけではない。人間として他人を思いやれるような精神的成長もスポーツを通しての活動もすべてが大切なのだという発想です」。マサチューセッツ州の自宅でホワイトにインタビューした時、ホワイトは私にそういった。

ホワイトが公と会ってからすでに二〇年近くが経っていた。だが、ホワイトは公との会話の内容を鮮明に覚えていた。印象がよほど強烈だったのだろう。

「私の質問は公文さんがこれまでやってこられた仕事を侮辱《ぶじょく》したかのような、全面否定して面子《めんつ》をつぶしたかのような気持ちをお持ちになったのでしょう。そんな印象でした。自身のメソッドに自信があり、やるべきミッションがはっきりしているのは素晴らしい。しかし、教育者は人の意見を聞く耳を持たなければなりません。それによって自分の考えを再点検することも出来ます。他人から学ぼうという謙虚さがない人は、他人に尊敬されない。ご高齢だったからかもしれませんが」

いまはなき公文公の話を聞くことができないだけに、ホワイトの話だけをここに記すのは不公平になると思う。公文公にも言いたいことはあるだろう。それに、公文公も成績重視を唱導していたわけではない。しかし、ホワイトにとっては、公の教育理念は〝算数おたく〟の量産といった程度にしか映らなかったようなのだ。少なくとも二人が会った日に公文公はホワイトのそうした見方を覆すだけの理論と材料と表現を与えることができなかったことは否めないだろう。

ルーズリーフの四つ穴

豊中市の家は公文公の死後も残され、いまは「公文公記念館」となっている。公文式の資料館であり博物館だ。資料館には、A5版で四つ穴があいたルーズリーフに、鉛筆書きで問題が書かれた問題集が展示されている。「公文式の原点」ともいえる問題集である。

ルーズリーフの四つ穴にこだわったのは、答案をファイルに納めるとき、パチンという音を出すからだ。この音を聞くと、子どもたちは「出来た！」「終わった！」という達成感を感じられるのではないか、きっと子どもは好きなはずだ、と公は思った。

公文公が採点する100という数字は美しい。おそらく、公は数字に達筆だったのだろう。達筆は漢字だけではない。数字にもそれはあるのだ。いま、どこの公文式教室でも百点をもらうと生徒たちの教材には大きな赤い丸がひとつ、つく。これも公の発案だった。全問正解につけられる大きく赤い丸は限りなく完璧に近い円である。このまん丸の丸をもらった子どもたちはさぞかし嬉しかっただろうなあ、子どものころ、自分もこんなお日さまみたいに大きな丸をもらいたかったな、と思った。

こうしたところに公はこだわりをみせた。丁寧な大きな赤い丸が描かれた答案を受け取る生徒は、それを見て教師の気持ちを丁寧に受け止め、厳粛《げんしゅく》な気持ちにもなるに違いない。

子どもの達成感と責任感と自信をつけさせるために、公は心を砕いた。そうした丁寧に書く習慣をつけることの重要性は、「公文書写教室」にも受け継がれている。これは、幼児から九〇歳台まで、地域のあらゆる世代がともに学ぶ公文経営の書写教室である。文字にはそれを書いた人の人格が表れる。正しく美しい字を書くのは相手と社会に対する礼儀であり誠意であり、自分を磨くことであるという日本の伝統文化に根ざしている。その文化の中で、コミュニケーションの手段としての文字を美しく書く力を高めるのが「公文書写教室」なのである。

公文公の心にはいつまでもみずみずしい童心があったのかもしれない。孫たちと一緒に「教材する」ときなど、公はすっかり童心に返っていたようである。

長男、毅の二人の娘がまだ小学生だった頃の話である。長女のあきこは小学校一年で方程式を、次女のたかこは幼稚園児で方程式が解けるようになった。祖父の願い通りの展開だった。ところが、あきこは一時、三カ月ほど公文学習アレルギーを起こし、まったく勉強しなくなった。彼女たちはいつも公の書斎に行っては、そのあたりで遊んでいて、公は黙ってそれを見ていたり、本を読み聞かせしたりしていた。

あきこの学習アレルギーがひどいので心配になった公が、「あきちゃん、おじいちゃんと教材しよか?」と同居していた一階のリビングルームから顔をのぞかせていうと、「いやっ!」といったきり、あきこは横を向いて答えない。公も禎子も毅の妻の倫子もこれには閉口した。するとそれを見ていた次女のたかこは、さっさと教材の置いてある棚まで行くと教材を引っ張り出し、これ見よがしにスラスラと鉛筆を動かしては、教材を解く。終わると、母親に差しだして、「はい、ああ、面白い。あたし、もっと教材やっちゃおう」とかいいながら姉をチラチラ見てはすまして教材に取り組んだ。いま、長女は歴史の教師に、次女は大学在学中である。

公文公は、一九九五(平成七)年七月二五日、世を去った。八一歳だった。大阪市中央区の難波別院で行われた葬儀には、公文で学んだ将棋の羽生善治《はぶよしはる》三冠も姿を見せた。長男の公文毅公文教育研究会社長は喪主あいさつで「九〇歳まで生きてほしかった」と述べた。

公文教育研究会の広報誌『文《もん》』(夏号)に書いた「阪神大震災が残したもの」が公の絶筆となった。

「震災から約一カ月後までには、九八パーセントもの教室で指導が開始された」

「逆境の中でも公文式を杖として未来に向かう子どもたちの姿は大きな喜びとなったのである」

毅の死はその二年後、一九九七(平成九)年一月七日である。その月の二一日から二二日にかけて豊中は珍しく大雪に見舞われた。雪がこんこんと降り積む雪原に、一筋の光が射しているように禎子には見えた。

鎮《しず》まりて　炎ゆる雪はら　父と子が
　手取て歩む　浄土眼にみゆ
（公文禎子の歌は、公文禎子歌集『パステルカラー』くもん出版、一九九八年から引用）

第2章

公文教室

―21世紀の寺子屋をめざして―

寺子屋（公文教育研究会 所蔵）

復習、復習、復習

公文公は、「算数で百点を取る子」を育てたいと思っていた。小学六年生で公文式算数の高校教材を学習できるような生徒をたくさん育てたい。算数の教材は、そういう子どもたちが楽しんで学べるように工夫した。算数や数学が苦手と訴える生徒たちのどこが苦手なのかを調べると、おおかたが「計算力不足」から来ていることがわかる。「高校生の九〇パーセント以上が数学の授業は写すだけ」と公は自分の教師経験を振り返って、言ったことがある。

私が高校の教師をやっていたとき、恥ずかしいことにやめるころになって、やっとこのことに気が付きました。写しやすいように字をていねいに書いて、すぐには消さないという授業をやると評判がいいのです。なかでも特に女子生徒にその傾向が強いのが、家でするノート整理です。写し違いもそのまま、もういっぺん、ほかのノートに清書するという学習方法です。これが数学の勉強の実態と言ってもいいでしょう。

(公文公『やってみよう』くもん出版、一九九一年)

こんな高校生に誰がしたのか。答えは簡単である。小学校と中学校のとき、生徒に計算力をつけさせなかったためである。

数学の授業は写すだけ、家ではノートの整理だけ。計算、特に文字の入った計算が出来ないために、高校生がこんなことになってしまったのは、本当に非生産的なことです。それを防ぐためにはどうするかということで公文では計算を重視したら、親の意見は「もっと文章題をやってくれ」です。

（同前）

公は、そんなふうに嘆いたものである。算数や数学は、積み重ねがすべてである。どこかでつまずくと、先に進むことができない。計算という土台を築かないと、その上に応用の建物を建てることはできない。文章題も解けない。逆に言えば、計算力をつければ、算数は得意科目に変わる。高校数学を楽に出来るようにするためには、必要ならば、小学生の学習内容に戻ってもそこから復習を始める、そして計算力をつける。それが公文式である。

公文式算数・数学教材の指導は、

▽生徒が一定の速度で問題を解けるようにちょうどの問題から練習させ、手際よく処理できる作業力をつけるように促す、

▽最初は時間がかかっても、繰り返し同じページを反復練習させることで、「居心地よいスピードで解ける」まで復習させ、楽に満点を取れる達成感をつけさせる、

ことを基としている。つまり、公文教室の生徒は「復習のできる子」になることが期待されている。漫然と復習するのは復習ではない。それは復唱である。

復習にもコツがある。

▽いつ復習するか

▽なんのために復習するのか

▽どの部分を復習するのか

それを理解し、呑み込み、習慣にしてしまうのである。

まず、いつ復習するか。それは、

▼時間がかかりすぎるとき

▼間違いが多いとき

である。

間違いが多い場合や時間がかかりすぎる場合は、その前の段階の内容を子どもが十分に理解していないのである。まだ、子どもの頭にすり込まれていない。だから前に戻って復習をする必要がある。それを繰り返せば、間違いは減り、時間もかからなくなる。

次に、何のための復習か。それは、次の段階へ進む展望と見通しを確かにするためである。ここでしっかりと覚えておけば、次に進んだときに楽に問題が解ける。もう大丈夫というので手を抜き、漫然と復習すると、復習の効果は半減してしまう。先に進んでもまた同じことを繰り返し、後戻りすることになる。足踏み状態が続く。そうなると子どもは達成感を感じることができず、やる気をなくす。

最後に、どの部分を復習するか。これこそ個人別学習である。基本的なことをただ復習させても力は伸びない。算数を得意にさせる極意は、生徒が分からない問題を教師が教えて理解させることではなく、生徒が復習すべき箇所を生徒自ら見つけ出し、納得出来るように指導し、復習させることにある。そうすれば、生徒は自分で自習しながら先へ進んで行ける。「自習に強い子」に育っていく。

自学自習は、公文式学習法のエッセンスを成《な》す。公文式の自学自習は、指導者が学習者一人一人のニーズに応じて、それぞれに合ったペースでそれぞれの目標課題に取り組み、所定の学習効果をあげることを目指している。こうした自学自習方式は、国家権力が明治以降、国民に対する大衆教育を普及させる前、江戸の寺子屋にも見ることができる。

寺子屋は、私塾とともに、日本の近世において爆発的に普及した教育サービスシステムである。寺子屋は、農工商などの子弟、それも未成年者に対する、読み、書き、算盤《そろばん》を中心とする初等教育(手習い)の場だった。これに対して、私塾は、武士階級の子弟に儒学やその他の専門的学問を学ぶ中等、高等教育(学問塾)を特徴とした。寺子屋では、師匠(教師)は寺子(生徒)に対して、個別の学習指導を行った。教師は同時に寺子屋の経営者でもあった。女性の師匠も出現したし、女子の寺子も多かった。

近世後期の江戸寛政期(一七八九―一八〇一年)になると、寺子屋は、江戸、大坂、京都の大都市にとどまらず、農漁村にも急速に広まった。読み、書き、算盤の実用的知識を授ける寺子屋は、一般民衆の高まる教育ニーズに応えたもので、官ではなく民の自生的教育サービスだった点に大きな意義がある。

寺子屋の精神と実践は、公文式の中にも脈々と受け継がれているということもできるのである。

もう一つ、公は「読書好きな子」を育てようとした。公文には「くもんのすいせん図書」がある。「くもんのすいせん図書」が出来たのは一九七九(昭和五四)年の公文式国語教材の導入よりも前だった。公が「本当に読ませたかった本は教科書だった」という話を、何人もの関係者から聞いた。「くもんのすいせん図書」には多くの児童書が列挙されている。しかし、公は児童書というジャンルの書籍には、個人的にはあまり興味を示さなかったようである。それを否定はしないが、本心では、子どもであってもできるだけ早く普通の書籍を読むようになったらいいと思っていたふしがある。

子どもが学校へ上がるようになると、それまで出会わなかったようないろいろな大人(教師とか父兄とか)にも遭遇する。なかには理由なく腹を立てたり、つっかかってきたり、怒鳴り散らしたり、理不尽だったりする変な大人もいる。そんなとき、もし子どもの方がいろいろな本を読んでいれば、「あぁ、これか。本で読んでいた通りで、世の中には変な大人もいるんだなぁ」と余裕を持って考えられる。過剰反応しないですむ。学校は子どもが最初に対面する社会なのである。だから、抵抗力をつけるべきだ。そう内心思っていたらしい。

読書は、子どもを社会に触れさせる窓である。したがって、公文式の国語教材で取り上げる題材は幅広い。文学あり、地理あり、歴史あり、科学や環境問題あり。話題も、日本から世界へと広がってゆく。ただ、やみくもに本を読ませても国語力はつかない。そこで、推薦本の内容を盛り込んだ教材を作る。書籍の中に出てきた漢字の書き取りをする、読み方練習もする、作者が使った文型を覚える、なぜその文型を使ったかという作者の意図も理解する、と一冊の書籍を骨までしゃぶるように繰り返し繰り返し読み、そのエキスを摂取する。

いま、「くもんのすいせん図書」には六五〇冊ほどが並ぶ。『おおきなかぶ』『11ぴきのねこ』『おじさんのかさ』『あひるのバーバちゃん』『カレーライスはこわいぞ』が絵本部門で人気不動の五冊である。『一休さん』のとんちばなしも人気ロングセラーだ。全国の公文教室では、家庭での読み聞かせを保護者に勧めている。そのため指導者自身が地域の公立小学校などに働きかけ、「読み聞かせ会」を開くこともある。親も子も一緒になって本を読む。そろって本を読むことを楽しむ。子どもたちを読書好きにするには、家庭での読み聞かせが一番、と公は考えていた。

公はまた、「英語に強い子」も育てたいと思っていた。教師時代、教え子たちに自宅を開放して学習を手伝ったとき、公が選んだ教科は数学と英語だった。にもかかわらず、公は英語が苦手だった。新幹線の英語のアナウンスがほとんど分からなくて、「まことに恥ずかしい」と漏《も》らしたこともあったという。苦手というより苦手意識を持っていたと言う方が正確かも知れない。聞く方がからきしダメと本人は思っていた。

公の英語教材へのアプローチは国語教材と共通している。読んで読み込んで文章を頭の中にたたき込む。熟語表現を覚え、単語を理解して日本語訳から原文を再生する力をつけてゆく。読み込みと暗記と再生能力で英語をねじ伏せようと考えた。公は英語教材の一枚（両面）には必ず各ページ四、五行の英文パラグラフを例示すべきだと主張していた。

英語を学ぶのに、英語だけで学ぶ必要はない。そのイメージをつかむためには、どの言葉を使ってもいい。英語を母語としない人々は、それぞれの母語を動員して、そのイメージをもっとも的確に把握するように、自分の言葉を最大限援用すればいい。日本人なら日本語を使え、というのである。富士山に登るのに、どの道でなければならないということはない。どの道からでも上ることができればかまわないということだったかもしれない。

公文がグローバルに展開し、世界中で学習者が増えるにつれ、英語の教材は地域の特性とニーズに合わせて、変更されていった。算数は基本的に全世界が同じ教材を使うのに比べ、英語はそうではない。

公文の英語には、いま次の六種類がある。

▽公文式新英語（日本）
▽公文式英語（台湾、韓国）
▽ＳＲＳ（英語速読速解　スピード・リーディング・システム）（日本）

▽ＥＦＬ（ユニバーサル版英語教材）（タイ、ブラジル、上海、香港、ドイツ）
▽英英（ブリティッシュ版英語母国語教材）（英国、オーストラリア、南ア、シンガポール、香港、マレーシア、タイ、インドネシア、インドなど）
▽リーディング（米語版英語母国語教材）（米国、カナダ、フィリピン）

「英英」と「リーディング」は主に英語を母語とする国のための「国語教材」、それ以外は英語を第二外国語として学ぶ国のための教材である。これに対して、ユニバーサル版教材を使用しようという国々は、英語をコミュニケーションの手段と考えている。ここでは、教材は〈サウンズ＆イメージ〉で組み立てる。

ユニバーサル版は、世界どこに行っても通用するデファクト（事実上）の世界標準であるＴＯＥＦＬ（米国留学のための英語能力試験）やＴＯＥＩＣ（国際的なコミュニケーション英語の能力テスト）の試験と点数に照準を合わせている。その流れの中で、小学三年生から英語が必須科目となっている韓国や、台湾は、いまのところ、学校教育を意識して作られた「公文式英語」を選んでいる。

公文教育研究会でユニバーサル教材を担当する中嶋良二《なかじまりようじ》は「日本で使ってきた公文の英語教材でグローバル・マーケットに対応するのに十分かどうか、日本の子どもたちに損をさせていないかどうかは、英語教材開発の担当者たちがいつも指導者と協力して考え続けている課題です」と言う。

グローバル・コミュニケーション（世界と言葉でやりとりできる力）とグローバル・リテラシー（国際対話ができる識字力）に習熟しなければ「日本の子どもたちに損をさせる」ことにもなるかもしれない。英語は不可欠の共通語、つまりは世界とともに「生きる力」となりつつある。日本に根強い英語へのアレルギー（おそらくはそれ故もあっての）、英語に対する強張《こわば》ったナショナリズム的反応を克服し、そこから抜けだし、世界とともに「生きる力」としての英語力をつける「公文式英語の秘密」が生み出せるかどうか、の挑戦が始まった。

深夜の電話

公文式学習は、指導者（公文教室のインストラクター）たちの存在なしには成り立たない。一人一人の生徒（公文教室では学習者のことを学校と同じに生徒と呼ぶ）にちょうど合った「学び方」を教えるには、一人一人の学力水準と目標課題と家庭環境の違いのすべてを頭に入れ、一人一人に最適の「学び方」を習得してもらうことが必要である。

指導者は次のような「指導力」を期待されている

▽生徒一人一人の力にちょうど合わせた学習レベルを見極める
▽毎日学習と自学自習の楽しさを味わわせる
▽生徒が自分の可能性を最大限のばせるように支援する
▽保護者に、生徒の学習状態を把握してもらい、家庭でも支援を続けてもらえるよう協力を求める

どれもこれも手作りの仕事なのである。

公文教室を主宰する人のことを公文では「指導者」と呼ぶ。すこし誤解を受けやすい言葉だが、指導者は生徒に対する学習の指導者という意味であり、組織の指導者とか地域の指導者を直接指しているわけではない。公文公は公文式教室で教材を指導する指導者にも、教室日以外に家庭で自学自習する生徒

を見守る保護者たちにも、お互い協力しながら、子どもたちにとってよき〝指導者〟でいてほしいと考えていた。

公文式を学習する生徒は、教室に通わない日は家での自学自習をしなければならない。そのしつけをつけるには保護者、特に母親の役割が大きい。だから指導者は子どもを指導をするのと同じくらいの熱意をもって保護者、とくに母親の理解を得るように心がけなければ、生徒は伸ばせないと公は説いた。

公は指導者には家庭の主婦が一番向いていると確信していた。彼女たちは同志のような存在だった。彼女たちへの敬愛は深かった。妻の禎子がもし、「あの指導者はできないわね」とか「ダメね」とかいった類のことを言おうものなら、途端に機嫌が悪くなり、口もきかなくなる。公は指導者たちと電話でつながりっぱなしだった。それも、公の場合は夜が多い。公はどんなにささいなことでも、貪欲に知りたがった。

▼生徒の手がどの教材の何ページめのどこの問題で止まったか
▼生徒はどこで手を止め、キョロキョロしているか
▼鉛筆をブラブラさせ、集中できていないようなしぐさがなかったかどうか

「奥様が、健康のことを考えていい加減になさってください……といくらストップをかけても会長はもう少しもう少しと電話を切りません。深夜の電話は延々と続いてしまうんです。そう、指導者とのコミュニケーションや取材から、会長は次の行動のヒントを得たのだと思います」。公の近くで長年、働いた村田一夫が語った思い出話である。古くからの指導者や社員たちが一様に口にする電話魔、公文公の一面である。

禎子は、私に言った。「電話口でニコニコして、先生方にやさしく、やさしく話しかけるんですの」。禎子がちょっとやきもちを焼きたくなるほど、公は教室指導者には並々ならぬ思い入れを抱いていた。公が指導者の資質で一番重視していたのは、生徒に「三つのちょうど（作業力のちょうど、理解のちょうど、意欲のちょうど）」の学習をさせることができるかどうか、という点だった。

指導者の能力差とは、子どもに「ちょうど」のことをやれているかどうかの差のことです。ですから教える側として、自分は本当に「ちょうど」のことをやっているかどうかをつねに反省すべきであると思います。「ちょうど」のことをやっているかいないかの判断は非常に簡単です。子どもが喜んで学習しているかどうか。もし喜んでやっていなかったら、それは先生が悪いのです。

（社内用小冊子『心にきざむ二〇〇の言葉』）

公は「子どもは勉強で満点をもらうと達成感を味わう。すると自分から進んでどんどん先をやりたがるものだ」が口癖だった。一貫して、公文式教室では学習者に「ちょうど」のところから教材学習（ワークシート）を始めさせる指導が行われている。ちょうどのレベルから始めれば、生徒は教材を気持ちよく解けるはずだ。そうなれば学習時間も必要以上にはかからない。その結果、多分ほとんどの生徒が百点満点をもらえることになる。そして、もっと先へ進みたくなる。

公は指導者の理想像を上から押しつけようとはしなかった。「どうすれば彼女たちの抱える苛立《いらだ》ちや不安を自分も十分に分かっていると伝えられるかしらん。指導者自身が、自ら解決策を見つけるように動き出してもらいたい、そのために私には何が出来るだろうか」。電話で彼女たちの悩みと苛立ちを聞きながら、それぞれの解決法を一緒になって考えていた。日本の公文指導者の九割強は女性である。公文式教室の指導者は学校の教師とは違うし、塾の教師とも違う。彼女らのほとんどは〝保護者の目線〟に限りなく近い子育て経験者である。

日本公文教育研究会が二〇〇二(平成一四)年に日本国内で実施した調査結果をみると、公文式学習法は知っていると答える保護者は多いのに、通わせたいと答える保護者はそれほど多くない。「先生が近所のおばさんみたいで頼りなく見えるから……」と、そういう反応も返ってきたという。教材も、学校の教科書に準じてはいない。進学塾のとも違う。学校の授業のペースに合わせて作っているわけではない。公文式学習は学校教育でなく家庭学習であり、集団学習でなく個人別学習なのである。

しかし、保護者たちは他の多くの〝塾〟と同じような効果を期待する。「ちょうど」から始めて自学自習で毎日コツコツ積み重ねて長期にやり続ければ、一人一人に学力がつきますと言われても、学校の成績に上向く変化が表れないと保護者は落ち着かない。生徒と保護者と教室指導者の三者が一緒に協力して生徒に「生きる力」をつけましょうと言われても、何を理想論を振りかざして、と戸惑う保護者だっているだろう。

子どもを公文式教室へ通わせる保護者の要望は、ほとんど判で押したように決まっている。「学校の授業内容と同じような学習指導をしてもらえませんか……」。指導者はそうした保護者の気持ちも希望も頭に入れて、公文式学習の価値と意義を少しずつ保護者に分かってもらうように努めなければならない。

公はあるとき、こんな替え歌を指導者向けに発信した。

庶民とは　哀しからずや　学校の　とおりにやってくれと　母親は言う

若山牧水の「白鳥は 哀しからずや」の替え歌である。

公が指導者にダブらせた「家庭の主婦」への思い入れは、母親の持久力と忍耐力への限りない信頼と尊敬を表していた。妻の禎子がそうであったように、彼女たちは、公の戦友であり、永遠の女性だった。

「公文公記念館」を訪れたとき、公が使っていた書斎も生前のまま保存されていた。書棚に『マディソン郡の橋』（ロバート・ジェームズ・ウォラー著、文藝春秋社）があった。アメリカ、アイオワ州の、ある田舎町に住むイタリア系アメリカ人女性、フランチェスカが、夫と子どもが留守になったある日、町を通りかかった「ナショナル・ジオグラフィック」誌へ写真を投稿するフリーランス・カメラマンと運命的な恋に落ちる話だ。二人の恋は、二人が亡くなった後に、フランチェスカの二人の子どもに残された母親の手紙から分かる。公は、ヒロインのフランチェスカに同情とも共感ともつかない思いを抱いた。そして言ったものである。「フランチェスカが指導者たちのように視野が広ければ、いや広くもてるように、彼女を公文式の指導者にリクルートしたい」。

百点を取れないと面白くない

公文教室の指導者の一人に会った。渡邊純子《わたなべすみこ》。大阪府堺市の上野芝教室の指導者である。渡邊は公文式教室の指導者のなかでも一番長い経験をもつ一人である。指導者歴は四五年を越えているというから、公文の歴史とほぼ同じだ。渡邊は公文公の妹。公文家の八人兄弟の五女である。

公が公文式教室を展開し始めた頃、渡邊は公から教室を開かないかと誘いを受けた。正直言って、気が進まなかった。府立堺工業高校金属科の教師だった夫から渡される給料は安定していた。でも、二人の男の子を持つ母親として少しでも家計の足しになる仕事をしたいと思い、自宅で編み物教室を開いていた。頼まれた編み物を作るのも楽しかった。刺繡や裁縫も得意だった。

公からの話は、指導者にならないかという誘いではなかった。教室を開かないかという誘いだった。指導者を派遣するから、教室を開くのだけ手伝って欲しい、という。口説かれて、教室を開いた。一九五九(昭和三四)年三月。場所は、堺市のいまの教室のところである。

最初の生徒は四名だった。自分の二人の息子と隣家の小学生の女生徒二人。派遣されてきた指導者は、短大を出たばかりの若い女性だった。当時、届けられる教材はガリ版刷りだ。生徒の分だけで余分はない。渡邊は自分も解いてみたいと思い、問題を紙に書き写すと、さっさと解き始めた。夫と子どもを送り出し、洗濯や家事は後まわしにして熱中した。

しばらくして、派遣されてきた指導者が渡邊には頼りなく思えた。当時は模範解答の書かれた解答書などなかったから自分で計算した答えを模範解答にする。自分の答えか生徒の答えか、どちらが正しいか判断に迷い、そこで計算し直しては考えている姿が不安に思えた。「数学が好きだから、これなら自分がやった方が早い」。渡邊は、派遣指導者を断ることにした。小さな頃から存外無口な質《たち》で話すのは得意ではない……。でも数学なら無口でも教えられる。昔から数学の問題に首っ引きで取り組む時、いつも楽しかった。解いて、検算をして、正解を確認できると本当にすっきりした。

公文家の子どもたちは、八人が八人とも数学好きだった。渡邊もその血を受け継いだものらしい。高知県立高知第一高等女学校一年生のとき、方程式の手前の四則で解く数学の応用問題集を一冊買った。お小遣いで本を買うなら、雑誌でなく何度も楽しめる問題集が良いと思ったのだ。「その一冊を仕上げてしまいました。一年生の三学期にテストがあって、それが応用問題ばかりだったんです。私は問題集をしていたので一問ずつ検算しながら進みました。四クラス二〇〇人のなかで満点は私一人でした」。ただ、女学校の友だちは渡邊が数学ができることを知っていても、渡邊が教室を開いた地域では、誰もそんなことは知らない。

渡邊は普通の主婦である。生徒が集まるものかどうか、気がかりだった。「あの先生のところに行くと数学がすごくできるようになる」という評判が立つまでに長くはかからなかった。渡邊の指導法は、単純だった。指導者自身が教材を最初から最終まで何回も何回も繰り返し解く。それに尽きる。つまり、指導者が教材をよく知ること。それから、目の前にいる生徒の解き方をよく見ること。そうすれば、生徒が計算問題のどこでひっかかったか、どうしてひっかかるか、理由が見えてくる。そんなとき「ここが違うよ」と一言ヒントを与えれば、生徒は自分で考えていく。そのうち、生徒は数学が面白いと感じるようになる。生徒は百点を取れるようになる。もう夢中になっていく。「算数は百点を取れないと面白くならないんです」。渡邊はそう言った。

誉めて誉めて、三つ誉めて

京都の団子田教室の指導者の加藤信子《かとうのぶこ》は、一九八二（昭和五七）年一一月に教室を開いた。長いこと教室をやってきて、このごろ、日本の社会の何かが根っこのところで変わりつつあるのではないかと不安に思う。生徒たちの立ち居振る舞いにそれは表れている。机の前に座れない、椅子にじっと座っていられない、大声を上げて、階段を登ってくる、玄関で靴を揃えられない……そういう子どもたちが増えた。

公文教室にはだれでも通える。家庭で基本的なことをしつけられていない生徒も通う。加藤はしつけも自分の教室で教える大切な仕事と考えている。「勉強するってことは、教えてもらうのと同じことなんて考えていたら、それは大間違いです。ハッキリ言って、最初から教えてしまい、教えきってしまうことができればこちらは楽なんです。しかし、それでは生徒の力はつかない。生徒が自分でやれるようになるまでこちらは我慢に我慢を重ねて、ここぞという最高のタイミングで生徒にヒントを出すんです。絶妙のタイミングでそれをやらなければなりません。そのタイミングを知るには、指導者が教材を知り尽くすしかありません」。子どもにどこが違っていたのかを自分で気づかせ、ある種の自己発見をさせるには、「指導者が教材を知り尽くす」ことから始まる——加藤は渡邊と同じことを言った。

だが自分で自分の力を正確に測り、的確に知るということは誰にとってもなかなか難しい。組織の中での自分の役どころ、社会の中での自分の役割、市場の中での自分の価値、どれ一つとってもそれを正確に把握するのは大変な仕事である。しかも、「自分の力」は努力次第で、強まることもあれば弱まることもある。

公文式は、生徒一人一人の力を正確に測り、的確に知ることを指導者と学習者が共同で行う仕組みである。その過程では、「フィードバック」と呼ばれる生徒・保護者と指導者の共同作業が不可欠である。フィードバックは、四つの段階で高まり深まっていくと加藤は言う。

①その日の出来具合(時間内か、正確か)を指導者から具体的に伝えてもらうことで、生徒は自分の学習を振り返り、学習の成果や習熟度を理解する。

②なぜ同じところを反復するのか、どうしたら次のステップに進めるのかを生徒が自分で納得する。

それによってなぜ、この教材セットが次に取り組むべきものかを理解する。それによって次の学習に対する具体的な目標も生まれ、学習意欲の向上にもつながる。

③生徒が、自分の学習や習熟度を理解し、自分で評価することが可能になる。自己評価をする過程で、改善しなければならない課題を見つける。努力目標が明確になる。

④①から③までの過程を経ることで、生徒は自分のいまの学習状態を明確に理解する。もう一度反復をするべきか、次のステップに思い切って進むべきかを、指導者から判断される前に自分で判断することができるようになる。

こうした段階を経て「フィードバック」を確実に吸収していくことで、生徒は、自分のいまの学習状態を明確に理解することができるようになる。もう一度反復をするべきか、次のステップに思い切って進むべきかを、指導者から判断される前に自分で判断することができるようになる。「フィードバック」がうまくいくかどうかは、生徒が自分の考えを正確に指導者に伝えられるかどうかのコミュニケーションにかかっている。

指導者にとっては、待ちの姿勢というかタイミングのセンスをみがくと言うか、それぞれの子どもの、どこがどう熟してきたかを見極めることが大切なのだろう。子どもが何か新しいことをしようとする。何かに挑戦しようとする。最初に自転車に乗るのでも、最初に泳ぐのでも、最初に九九をやるのでも、漢字を書くのでも、何でもいい。最初は、時間がかかるものなのだ。間違えるものである。その過程をじっと見守ることが必要である。完成品を与えるように正解を先に出して、それを押しつけてはならない。母親が子どもにやらせる前に何でもしてしまう家庭に育つと、子は得てして自分なりに物事の原理

（自転車の乗り方でも泳ぎ方でも友だちとのつきあい方でも）を発見していく芽を摘《つ》まれてしまう。もちろん、ここでは便宜上、母親を引き合いに出している——そして、実際にどの家庭でも母親が圧倒的にその役回りをしている現状から母親を例にしているのだが——父親も同じことだ。

親（大人）は、子どもが耐えることに耐えなくてはならないのだ。しつけもそうである。しつけには、なぜそれが必要なのかの説明がいる。それを子どもに分かりやすく説明しなければならない。瞬間湯沸《ゆわ》かし器的に「ほら、よそのおばさんに注意されたじゃないの、やめなさい」「何度言ったら分かるの、お母さんに同じこと言わせないでよ」と苛立つ気持ちを親は呑《の》み込《こ》み、懇々と嚙《か》んで含めるように諭《さと》さなければならない。それは自分を律することでもある。

「私たちの世代では、子育てのときは、うちの子がお友だちと仲良く遊べるように、一緒に勉強できるように、子どもの友だちをとても大切にしました。相手のお母さま方といろいろコミュニケーションを取ったものです。ただ、最近のお母さま方を見ていると、自分の子だけを大事にしている。自分が大事、自分が主役、そういう風潮があるように感じるんです」と加藤はいう。

もう一つ大切なことがある。子どもがちゃんとやれたときは、上手に誉めてやることだ。

加藤は言った。「子どもに理解させるとき、誉めて誉めて、三つ誉めたら一つ怒って。そんな感じですね。生徒のお母さまたちへの対応も同じです。誉めて誉めて三つ誉めて、それから一つ注意するようにしています」。

高松市の高松えびす教室を主宰する岡村美津代《おかむらみつよ》は、二年間、中学校で美術の教員をした経験がある。先生が生徒を殴《なぐ》り、生徒が先生を襲う、忌《い》まわしい事件が次から次へと報道され、新聞に「学級崩壊」の大見出しが躍っていた。「何か事件が起こっては大変だからというので、先生方が上から生徒を抑えつけよう、子どもたちを従わせようという雰囲気でした。そういう強迫観念が広がると、授業でも何でも教師対生徒の集団という関係になってしまいがちです。生徒一人一人への関心は薄れ、集団をどうまとめるかだけに汲々《きゅうきゅう》とするという感じでした」。

集団を管理するにはそれはそれで力量がいる。生徒に明確な方向と方針を示し、それを分かりやすい言葉で説明し、授業に集中させ、カリキュラムをこなしていくのは、並大抵なことではない。集団マネジメントに必死に取り組んでいくうちに、生徒一人一人の顔が視界から消えていくような気がした。こんなことでいいのか、という疑問が湧いてきた。

そうしたとき、公文に出会った。これなら生徒一人一人の切実なニーズにより直接、応えることができるかもしれない……。「公文の学習法は最初のうちは分かりづらいものです。学校がやることをそのまますするわけではないので、どうしてこんなに計算するのか、読め読めと言われるのか、先に進んで何かよいことでもあるのか、生徒も親も分からない。学校でやっているところが分かればいいという親がほとんどなんです」「一人一人の親御さんに公文の学習法を理解してもらえるように、根気よく説明しています。ただ、こちらの説明を受け入れる気のない人に、先を目指しましょうと言っても、それはどだい無理な話です」。

公文で学ぶことと学校で学ぶことは、別の概念であり、また別の概念であるべきである、と岡村は思っている。例えば、集団生活をすることは学校で学ぶことのもっとも大切なことの一つだ。集団のなかで自分の位置と役割を見いだすこと、助け、助けられる仲間をつくること、揉《も》め事があったとき仲間だけでそれに対応、対処する方法、手法、それらは家庭だけでは学べない経験だ。学校は子どもが社会に触れ、社会の一員として学ばなければならないイロハを学ぶ最初の社会的機構(インスティテューション)なのである。

公文の教室の役割はそれとは異なる。ここではあくまで一人一人のニーズと一人一人の可能性にピンポイントで取り組まなければならない。自学自習による自己鍛錬と自己発見と自己啓発のサポーター(支援)役でありファシリテーター(促進)役を果たすことが教室指導者の仕事である。

岡村は、こんなふうに言った。「一番よいところを子どもに味わってもらう、先生はプリント渡してくれてただけじゃないと言わせるくらいが良いんです」「先生のおかげでここまでになれました……なんて言われては失敗です。だから、指導者の名前など覚えてもらわなくていいんですよ」。指導者は黒衣《くろご》、それでいい、との潔い割り切りが指導者には要るようである。あくまで生徒が主役である。指導者はサポート役に徹する。

岡村の教室に入ったとき、焼きたてのパンの香りがした。ドアを開けて入ってきた小学生が「ウーン、いい香り」というふうに、鼻をピクピクさせて入ってきた。幼児クラスには母親たちも一緒に参加している。読み聞かせをしてから歌をうたう。歌っているのは母親たちの方が多い。子どもはカーペットの上でゴロゴロ、ゴソゴソしている。隣の教室では教材学習が進んでいる。手に包帯をまき肩からつっている男子生徒が鉛筆を持てないから学習できないと岡村に言っている。鉛筆を動かすのも忘れ、それをボーっと見ている生徒もいる。自分の学習に熱中している生徒もいる。どこも変わらない教室の光景である。

基礎をがっちりつけてもらった

生徒たちの公文経験にも触れておかなくてはならない。

渡邊の教室に通った湯川陽介《ゆかわようすけ》の場合。京都大学の工学部を卒業後、同大大学院工学研究科で材料化学を専攻した。湯川は、小学一年生から高校三年生まで、渡邊の教室に通った。「小学一年のときなんですが、クラスにすごく算数が出来る女の子がいたんです。聞いたら公文に通ってるって。それを聞いて自分から親に「公文やりたい」って頼みました」。少しずつ計算が速くなる、数学の問題を見た瞬間に計算式が浮かぶ、教材を一つ一つこなしていく、そのうちに数学では苦労することがなくなった。

「ボクが通ってたときも、渡邊先生は、そのときボクが学習してたレベルの教材はとっくに終えて、それより進んだレベルの教材を何度も解いてらっしゃいました。数学の力は年齢とは関係ないんだと思いました」。湯川は渡邊の教室に延べ一二年間、通った。途中、くじけそうになったことは一度や二度ではない。毎日やらなければならないのにそれができないこともあった。宿題をさぼったこともあった。それでも継続した。最後は、止めたらいままで何のためにやってきたのか、それは惜《お》しいし、悔《くや》しいという意地だった。

「大学へ入学したとき、振り返ると、実は高校も含めてずいぶん勉強したんだなぁと実感しました。基礎をがっちりつけてもらったし。だからなのか大学は楽しくて楽しくて……」。湯川は京都大学では奇術研究会で活躍した。舞台にも立った。客席の反応がたまらなくスリリングである。人を楽しませるって楽しい。その大きな部分が、コミュニケーションの楽しさであると思っている。奇術とは話術、それも五感すべてを駆使して語る話術なのだ、と湯川は言った。

湯川は二〇〇五年四月、大学院を卒業、東洋紡へ入社した。滋賀県大津市堅田の東洋紡総合研究所で材料開発の研究をしている。

東京大学の法律大学院に在学する金川翔子《かながわしょうこ》は並みいる公文学習者の優秀児の中でも〝伝説の学習者〟だった。自宅で母親の指導で公文教材を学習し始めて、小学校に上がる前に連立方程式をすらすら解けるようになった。そんなわけで小学校から大学へ進学するまで、学校の勉強が大変だと思ったことはほとんどない。父親が仕事の関係で海外勤務したため小学校時代、米国で暮らした。楽しい思い出ばかりである。算数が彼女のキラーパスだった。たちまちクラスのトップになった。そうすると不思議なもので他の教科もクラスのトップになっていく。

ただ、英語だけは少し苦労した。「公文で英語をやってましたから、学校の授業の英語の方はできましたけど、最初、会話が全然、通じなくて、コミュニケーションをとるのが難しかったです。でも、すぐに馴《な》れました」。英語の読み書きの土台がしっかりできていたため、いったん耳が英語に慣れてくると、英語力が急速についていく。

日本の英語教育では英語を日常語として使っている人々とコミュニケーションをはかるとき、知っておいた方がよい多様なニュアンスや機能をもう少し系統的に学ぶことを大切にするほうがよいと思うが、だからといって、そのことは「読み書き」を軽視していいことにはならない。「読み書き」ができないと学業でも苦労する、と彼女は思っている。英語だろうが何語だろうが、「読み書き」こそコミュニケーションをより確かにする基礎だからである。

米国で暮らした経験でよかったと思うことがあると、金川は言った。それは多様な人種や民族背景を持った人々が多様な価値観を持っていることを知ったこと、その多様性を人々が尊重しながらお互いの存在を認め合って生きているのを実感できた経験だ。もうひとつ、〝誰にでも機会を与えてくれる社会〟を支える〝民主主義〟を実感したことだった。翻《ひるがえ》って、日本で暮らしている外国籍の子どもたちはどうだろうか。同じように機会を与えられているだろうか。

彼女は、そうした日本に暮らす外国籍の子どもたちに勉強を教えるボランティア活動に参加してきた。

「日本に暮らしている外国籍の子どもたちの教育にとっても関心があるんです。そういう立場の子どもたちって、日本の法律で十分に守られていないことが多い気がするんです。子どもたちは本来、教育を受ける権利を持っているはずなのに、日本の法律の壁に阻まれてさまざまな不公平に甘んじなければならない」

「親が正式に（日本の職場に）採用されていても、外国籍だと子どもは公立の小・中学校へ受け入れてもらえないケースが多いとか、日本語を十分使えるようになるまでのサポートがないとか、ブラジルから日本へ出稼ぎに来た両親を持つ小・中学生が、自分たちブラジル系で募金してつくった学校（正式な初等中等教育機関とは認められない。各種学校扱い）で勉強している状況とか、知れば知るほど胸が痛むんです。私がアメリカに行ったときは、アメリカの子どもたちと同じように受け入れられ、同じように教育を受けることができました。だから日本で苦労している子どもたちを見ると、彼らのために何か役に立ちたいと思うのです」

「清少納言っていいやつじゃん」

この一言、公文生の岸田爽《きしだそう》が、小学校六年生のときにポロッとこぼした感想だった。二〇〇三年六月、公文全社員会議で大阪北事務局で働く社歴十余年のアルバイト社員（当時）、小田島恵《おだじまめぐみ》が爽の作文を紹介した。

私は、古典の中で『枕草子』が一番好きです。でも、実は、最初私は清少納言がきらいでした。なぜかというと、『紫式部日記』に「清少納言こそは、高慢ちきな顔をして実に偉そうにしていた人」とあったからです。くもんの教材に『枕草子』が出たときは、「偉そうにしていた人が書いたものだから、堅苦しい文章なんだろうな」と思ってイヤイヤ読み始めたのに、なんだか思っていたのと違っていて、もっと続きを読みたいと思い、図書館で本を借りて、読んでみました。すると、思っていたのと違うどころか、清少納言という人物がなんだか好きになってきました。（後略）

爽の学習した『枕草子』は公文国語教材のJ教材81番から90番に出てくる。『枕草子』を素材としたこの教材は高校一年生レベルを想定して作られている。それを爽は小学校六年生のときに学習した。先へ先へと自習するうちに、気がついたら高校一年生レベルの古典でも、楽しく読みこなせるようになっていた。

爽は私に言った。「正直で思ったことを素直に書けるいい人みたいな気がしてきて……、友だちになったら面白いだろうなと思いました」。清少納言をまるで同時代に生きる女性のように捉えている。「ただ、『枕草子』の原文はまだ全部読んでないんです。漫画でとか現代語訳では読んだから、あらすじや内容は大体分かるんですけども……。大学に入ってからでも原文で読もうかなと思ってます」。

爽は国語の最終教材まで終了している。だが、もう一度最終教材まで復習したいという。それが彼女の高校の受験勉強に代わるからだ。高校受験にしても大学受験にしても、『傾向と対策』を手にしないと心配でならないのが普通の受験者心理だろう。だが、公文公は公文教材を作った時から、国語も数学も最終教材まで終了すれば特別な受験勉強はする必要がないと思っていたし、そのように言い続けた。

爽も、中学校の中間試験や期末試験のために試験勉強を特別にしたことはない。公文の教材は勿論、毎日必ず欠かさず学習している。それを自分で守ってずっと続けていけば、教科ごとの試験勉強をしなくとも大丈夫だと信じている。「公文だけで足りてしまう」と言う。

中学卒業までに国語や算数の最終教材まで終了できるような学習環境を整えられれば、公が望んだように高校受験も難なくパスし、高校生活を楽しみ、豊かな時間を過ごすことができる。大学受験もそれほど苦にはならないかも知れない。しかし、日本では中学生の公文生は減り続け、最終教材はおろか学年を二、三年超える教材を学習する機会を持たないまま公文学習を終えてしまう生徒が多い。中学での部活もある。スポーツや他への興味も尽きない。年ごろになっていろいろな遊びもしたくなる。そのときに毎日三〇分学習し続けるという〈習慣〉を、年間を通して続けられる生徒をどう育てるか。そこが指導者にとっても、生徒にとっても、公文にとってもチャレンジなのである。

爽の母親(岸田明子。大阪府茨木市舟木町で公文舟木教室を主宰する指導者)は、「彼女はいま反抗期」だと言った。それでも、毎日、公文の学習は続けているという。爽が身につけた習慣は、恐らく母親が小さな頃から夜寝る前に必ず本を読んでくれたことと関係があるように感じた。というのも爽が、それをいかにもうれしそうに話してくれたからだ。

爽は二歳から公文に通い始めた。三歳のときから、母親は毎晩寝る前に本を読み、聞かせた。爽が大好きだったのは『ちからたろう』(いまえ・よしとも文、たしま・せいぞう絵、ポプラ社、一九六七年)である。いま、中学校三年生。将来は、作家か医者になりたい、という。学校は「荒れてます」と笑う。それでも学校生活は毎日、楽しい。なかでも、テニスに夢中だ。

英語イマージョン・キャンプ

公文は二〇〇一年夏、二一世紀の門出に当たって、英語イマージョン・キャンプを立ち上げた。場所は、大分県別府市の立命館アジア太平洋大学(APU)キャンパス(二年目からは神奈川県横浜市の「公文国際学園」)。最初は日本の公文英語教材を学習している公文生の小学生に呼びかけた。

第一回目のキャンプは二〇〇一年八月、一二日間。二五九名が応募し、抽選で三〇名が選ばれた。全員が公文学習者。ここでは、APUで英語を学内公用語として選択する学生の中から選ばれた二二名がキャンプ・リーダーとして加わった。子どもたちはその学生たちをお兄さん、お姉さんのようにして共同生活するのである。

子どもたちの応募理由を一つ。「わたしの夢は「宇宙飛行士」です。そのためには「NASA」に行って勉強しなければならないけれど、英語を話せるようにならないといけないので、英語をはずかしがらずにいっぱい話して、お友だちをつくったり、英語になれたいので参加したいです」。

応募者が多いため抽選で選ぶ。年々、回を重ねるごとに応募者は増え続けている。

参加した後の子どもたちの感想を一つ。「ぼくは世界中から集まったキャンプ・リーダーと一緒に英語だけで一〇日間を過ごしました。キャンプ・リーダーはみんなやさしくて、ユーモアがあり、いつもボクを支えてくれました。ボクはキャンプの中で、クラブ活動でやった「DJ」がとても緊張したけれど、一番おもしろかったです」。

キャンプ・リーダーとスタッフたちは、毎晩、キャンプ活動が終わるとミーティングを持った。そこで、参加者一人一人の子どもたちの様子について語り、情報や気付いたことを共有していった。毎日が悩みの連続、手探りだった。「失敗を怖れて、英語を話さない」「楽にコミュニケーションが取れると思ってたのに……、子どもの自信をどうしたら取り戻せるだろう?」「英語を拒否する子にはどうすればいいの?」

彼らは、米国、フィリピン、ガーナ、ニュージーランド、インドなどからやってきた若者たちだ。人種だけでない。話される英語もさまざまである。それは英語というより〝英語たち(Englishes)〟である。それだけで、こうした英語を話さなければなりません、こういう発音でなければなりません、という堅苦しい強迫観念から少し自由になる。そして、キャンプ・リーダーの底抜けの明るさと楽しさが子どもたちの心を弾ませた。最初は気後れし、恥ずかしがっていた子どもたちも、一週間が過ぎると、和んでくる。お互いのコミュニケーションが進む。英語が出てくるようになる。

私はキャンプ開幕式と卒業式を参観した。キャンプ最初の日にある少年に会った。彼は怖《こわ》がっていた。英語を話すのは苦手だ、親が行けと言うから来たけど、本当は話したくない、と私に打ち明けた。キャンプの間中、私はその少年が気になっていた。楽しんでいるだろうか。少しは話すようになっただろうか。最終日の卒業式。キャンプ・リーダーたちも、参加者の子どもたちも涙ながらに別れを惜しんだ。少年は何やら友だちと英語で話していたが、私の前にやってきて、言った。

May I hug you?（「抱きしめてもいいですか？」）

少年の母親が後で私に言った。「自分の子どもかしらって思っちゃいました。変わったのでビックリ。〝迎えに来てくれてありがとう、ママ〟なんて言うんですよ。だって、そんなこと言われたこともない。自分が産んだ子だし、育てた子なんですが、知ってるつもりが、もう、知らない別の人格なんですね。ちょっとさみしいほどね」。

日本の子どもたちが日本に居ながら英語キャンプ生活を楽しむ。外国へ留学するのとは違った英語生活経験から、英語をコミュニケーションの道具として感じ始める。わずか一二日間ほどの経験ではある。それでも、子どもたちにとって英語は小動物のようなぬくもりを持った相棒というかペットのようなものに育っていったのかもしれない。それを手に入れたことで、少年少女たちの中にちょっぴりと「別の人格」が芽生えたのかもしれない。

学びからの逃走

公文教育研究会は、公文式学習法を私立学校や青少年施設や少年院などに導入してきた。その歴史は四〇年を超え、その数も一三〇校を上回る。ところが、私立にとどまらずに公立校にも公文式学習法を導入する動きが出始めた。日本の子どもたちの深刻な学力低下とクルクル変わる学習指導要領の変遷、とくに「詰め込み教育」から「ゆとり教育」への変遷、がその背景にはある。

ＯＥＣＤ（経済協力開発機構）が二〇〇三年、四一の国・地域（ＯＥＣＤ加盟三〇カ国、非加盟一一カ国・地域）の一五歳を対象にした「学習到達度調査（ＰＩＳＡ）」で、日本の高校一年生は実施四分野のうち「読解力」が前回（二〇〇〇年）の八位から一四位に、「数学」は同一位から六位に下がった。「読解力」では参加国・地域の中で前回との得点下落幅がもっとも大きかった。これについて、中山成彬文部科学相（当時）は、「（学力が）低下傾向にあることをはっきりと認識すべきだと考えている」と述べている。

こんな統計もある。国際数学理科教育調査の数学の結果では、日本の順位は一九六四年の第一回二位、一九八一年の第二回一位、一九九五年の第三回第一段階調査三位、一九九九年の第三回第二段階調査五位と、低下傾向にある。日本の高校生は、数学を学ばなくなっている。物理にいたっては、一九七六年代に一〇〇パーセント近かった履修率がいまや約二〇パーセント台に下がってしまった。

そもそも、一日の勉強時間が他国と比べて少ない。日本青少年研究所の調査（高校生の生活と意識に関する調査——日米中韓四カ国比較、二〇〇一年）では、平日に家でほとんど勉強しない高校生は、中国四パーセント、アメリカ二七パーセントに対して、日本は五一パーセントとなっている。この二〇年間で、ほとんど勉強しない日本の高校生の割合は倍になり、平均勉強時間は半分に縮小している（アメリカ教育省他著／西村和雄・戸瀬信之編訳『アメリカの教育改革』京都大学学術出版会、二〇〇四年）。

東京大学大学院教育学研究科の苅谷剛彦教授と志水宏吉教授は「教育改革と階層化の現状」と題する研究結果を次のようにまとめている。

▼問題は、〈テストの点数の低下〉ではなく、〈学校の勉強が嫌い〉〈勉強が好きではない〉と答える子どもの割合が、他の国々より相対的に高くなっていることにある。日本の教育の最大の問題は、〈学びからの逃走〉が起こっていることである。

▼〈勉強が好きではない〉ことの背景には、学校の授業内容が分からないこともあるが、それよりも文化的背景(家庭環境)と学習到達度、学習状況の密接なつながり、親と子の関わりがある。

▼「家の人が新聞を読み、テレビでニュース番組を見る」「家の人が手作りのお菓子を作ってくれる」「小さいとき、家の人に本を読んでもらった」「家の人に博物館や美術館へ連れていってもらったことがある」などの質問項目の回答を手がかりにグループ分けをすると、そうした経験の多い子どもたちは、そうでない子どもたちより学習時間が多い傾向がある。

問題は、高校生だけにあるのではない。日本の小学校の授業時間を調べてみると減少しているのが分かる。小学校で学ぶ主要四教科(国語、算数、理科、社会)は、一九九二年は一九七一年より約一〇〇〇時間少なくなっていた。

公立校の公文式全学導入の第一号となったのは、香川県善通寺市の善通寺市立東中学校である。善通寺東中学校は、ごく普通の中学校である。だが近年、日本全国の中学校で見られた〝荒れた〟傾向はここにも押し寄せていた。授業中に教師に暴言を吐《は》く。授業時間に教室を抜け出し、学校まで抜け出しどこかへ行ってしまう。何度注意されても、ヘルメットを被《かぶ》らずに自転車に乗る。

猪熊一生《いのくまかずお》(五五歳)が、ここの校長になったのは二〇〇二年四月だった。猪熊は、善通寺市立吉原小学校の校長を経て東中学校の校長になった。全校生徒四五一名。クラスは一年生四クラス、二年生五クラス、三年生が四クラスの学校だった。猪熊は校長としての最初の挨拶で、「東中を日本一にする」と言った。「何でもよかったんですよ。ヘルメット着用率が日本一。靴のかかと折りがない率（靴のかかとを踏まない生徒の割合が）日本一。胸に名札がついている率が日本一。そのとき東中の生徒が出来ていなかったことを一〇〇パーセント出来るようにしたら、日本一になれるでしょう。そう言って、生徒も教師も私も頑張ってみよう……、と自分を奮い立たせて、そう言ったんです」。

いい、切れてしまう生徒は授業が分からない。そもそも、小学校でつけるべき基礎学力が身についていない。足し算も不十分、かけ算も分数もよくできない生徒が、中学校の授業に分からないまま出ている。それが辛いから、そこから抜け出すため、このような振る舞いに及ぶのだろう。猪熊は、事態をそのように捉《とら》えた。

考え抜いた末、こうした生徒の学力をもう一度、最初から立て直す以外にないと判断した。そのために個人別学習の公文式を導入してみようと思い立ち、善通寺市の教育委員会などに掛け合い、実現にこぎつけた。二〇〇三年のことである。最初は数学から始めた。実は、全学導入が正式に決まる前、猪熊は授業にまったくついていけない生徒三人に自ら立ち会い、校長室で公文式学習を始めていた。初めはなかなか進展しなかったが、三人とも少しずつやる気を出すようになり、レベルはA教材からC教材まで上がっていった。

何が起こったのか。猪熊は次のように分析した。

▽学校の授業にはまったく無関心、無感覚な生徒たちが公文の学習時間になると勉強する。彼らの心に何か変化があったはずである。

▽今まで自分が認められなかったのに、公文をすることによって初めて認められたという気持ちを持てた。それがきっかけとなったに違いない。それによって、それまで目標を持ったことがなかった生徒が、初めて目標を持つようになった。

▽足し算、かけ算、わり算、分数、正負の数、文字式、方程式と少しずつ上に進んでいく「道のり」と「段階」の感覚を彼らは持ちはじめた。どこまで行けるかは一人一人の努力次第であり、上向くこともあればずり落ちることもあるだろう。しかし、目標を持つかどうかは将来を設計するかどうかという意思と関わっている。

▽生徒たちは、自分が教師にその場しのぎで適当に扱われているかどうか、誰よりも敏感に感じ取る。彼らは、教師が彼らに期待していると感じたのではないか。

猪熊は原因は家庭にもあると言った。

子どもの教育に親の参加を促そうと父兄との懇談会など定期的に話し合いの場をもうけた。だが、親と学校の対話はそうそう簡単に進むものでもないし、深まるものでもない。「いま生徒たちには、自分の能力が最大限に伸びたレベルの高校へ行こうというのを合言葉にしています。高校へ行けばいい人生を送れるかどうかは分かりませんが、そういう目標を学校と親と子どもが共有できれば良いと思っています。ただ、それには時間がかかるというのが実情です」。

採点ボランティア

導入から二年経った頃、私は、東中の公文教材採点ボランティアの声を紹介した資料を見る機会を得た。採点ボランティアとは、生徒たちが学習し終えた公文教材を手際よく採点する役目だ。彼女たちは、採点ボランティア以外にも、学校を開放して行われる地域ぐるみの課外活動(陶芸、ヨガ、英会話、茶道)に、生徒に混じって参加するのを楽しみにしている。

「息子や娘が東中に行っていたときは、すごく荒れていたんです。ここ数年ですっかり変わりましたね。それは先生方や保護者、地域の人が命懸けで助けてくれたからだと思います」「ここの子はみんな、かわいくて仕方ないんですよ。もし東中に何かあったら私たちが防波堤になってあげたい」と意見を寄せた採点ボランティアの女性たちは生徒たちの祖母に当たる年代である。

公文の社内誌には、高校一年生になったふたりの先輩が母校の東中の後輩の質問に答える一問一答もある。

——高校の授業や数学の成績は?

「公文のおかげで数学は左うちわ状態。高校レベルまで進んでいたので授業が復習になりよく分かる」

——東中の公文学習で学んだこと?

「数学をじっくり考える粘り強さ」「集中力」

——後輩に伝えたいこと?

「問題をじっくり考えること。それが分かれば後のことは簡単に出来る。まず理解すること」「いまの学習をしっかりしてほしい。高校教材に進んでいれば高校の授業が楽になる」

東中の生徒の保護者や地域の人々は、公文教材の採点ボランティアを通して、すべての生徒一人一人の学習到達度や人間的な成長を目の当たりにして、親近感と連帯感を膨《ふく》らませる。生徒たちは、学習を通して学ぶ楽しさを知り、採点してくれる保護者、地域の大人、教師たちから自分にかけられる励ましに触れ、自信を深める。教師たちは、一斉授業では出来なかった一人一人の生徒のよさを認めて、誉めることの重要性を改めて痛感する。卒業生たちは、母校の東中に戻ってきて、進路を考える中三の後輩に、公文学習から得た自分自身の変化と成長について話をする。

公文式学習の全学導入も三年目を迎えている。公文式学習法を導入しさえすれば何とかなるということではないのを教師たちは実感している。公文式が学校教育の代わりになるものでもない。そのこともわかった。「しかし、公文式はきっかけを作ってくれました」と猪熊は言った。カギは大人の姿勢にある。「教職員、教育委員会、保護者、地域の人々、子どもと関わる大人たちが本気で子どもの可能性を信じ、支援すれば、変化は必ず生まれる。そのことにあらためて気づかされました」

公文の社内誌に、猪熊の「導入二年後の感想」が紹介されていた。「保護者も生徒も教師もみんなノッています。やっぱり文武両道っていうのが分かってきました。勉強ができるようになると子どもたちの運動面でのパワーも出てきます」。猪熊が言う文武両道のパワーが、二〇〇四年に東中学校に日本一をもたらした。中学校総合体育大会の柔道(男子六〇キロ級)で善通寺東中学校の三年生が日本一になったのである。公文学習にも熱心な男子生徒だった。

猪熊はこれについても公文の社内誌に書いている。「うちの東中から日本一が出たのは三二年ぶりです。山梨学院大学に上田誠仁《うえだまさひと》という駅伝の監督がいますが、その人が東中出身で、中学の二〇〇〇メートルで五分四三秒四の中学新になって以来、三二年ぶりの日本一です」。上田誠仁は、マラソン選手。大学では順天堂大学代表として箱根駅伝に出場、五区で区間賞を二度獲得した。卒業後、郷里の香川の中学校教師を経て山梨学院大学の陸上競技部監督に就任、無名選手しか来ない同大学をマラソンの名門校にした。上田は、監督の役割を「アイロン」と定義する。「洗いざらしの、しわくちゃなハンカチをどう伸ばすかはアイロン次第」というのである。

II

第3章

貧困からの脱出

—フィリピン・ブラジル・南アフリカ—

スモーキー・マウンテンの風景(フィリピン)

◆フィリピン

スモーキー・マウンテン

スモーキー・マウンテンと呼ばれる巨大な〝山〟に登った。スモーキー・マウンテンはフィリピン、マニラ市街にある「ゴミで出来た山」のことだ。マニラ市民が毎日吐き出す膨大《ぼうだい》な量のあらゆる種類のゴミがここへ運ばれてくる。

「たくさん住んでいるんですよ、子どもたちがここに。近くにある小学校へ通学している子もいます」。案内してくれた「フィリピン公文」の高橋真澄《たかはしますみ》は言った。スモーキー・マウンテンの中に公文の教室があると聞いて、ここを訪ねたのだが、教室に行く前にちょっとした〝登山〟となった。

ゴミが長年かかって地面もどきに風化してしまっている。その上に住宅が点在している。ビニールシートの色もピンク、緑、ブルー、黄色などストライプ模様で、これも南国らしさなのか。人々は底抜けに明るかった。ゴミの山を漁《あさ》り続ける幼い少年スカベンジャー（廃品回収人、ゴミ漁りの意味の英語）たちに、スカベンジャーの先輩らしい大人たちがしきりに声をかけていた。大声で笑い、微笑を絶やさない。ゴミの中から食べられそうな野菜を拾い出した少年の目が明るくキラキラ輝いた。

ゴミ山の麓《ふもと》にある「保育園」を訪れた。二〇名ほどの子どもたちが、私たちを歌で歓迎してくれた。タガログ語で歌っていた。

スモーキー・マウンテンにも喜びがある
ハエがぶんぶん飛び回る
スモーキー・マウンテンの山では、
見渡す限りゴミ、ゴミ、ゴミ、
目に入るものは　ゴミばかり、
でも、スモーキー・マウンテン
にだって、喜びはある

子どもたちは、私たちを振り返り振り返り、声を張り上げる。「スモーキー・マウンテン」というリフレーンの部分にくると、子どもたちの声は一段と大きくなった。割れんばかりの声に道路に面したガラス窓がビンビンと震えた。

保育園の二階に公文式学習教室「スモーキー・マウンテン公文センター」があった。八人が学習していた。教室では、カリダッド・ブルランが一人で生徒の指導に当たっていた。彼女もスモーキー・マウンテンの出身である。

「私も小さな頃からゴミを漁って暮らしてきました。ここで生まれて結婚して子どもも産みました。ここに通う子どもたちと同じです。一番前の席で学習しているあの少年、彼は八人兄弟の長男です。一〇歳の弟が自分がゴミ漁りを代わるから、お兄ちゃんは公文で頑張って大学まで行ってほしいと言うそうです。一度は勉強を断念した彼も弟に励まされ戻ってきました」

室内は鉛筆が走る音しか聞こえない。ときおり、クーラーがうなり声をあげる。クーラーがあるのは、建物のなかではここだけである。少しでも勉強に専念させたいという配慮がうかがえる。

マニラでもこの付近は特別に蒸し暑い。蒸し暑いゴミの山で目覚め、学校へは行かず、生活のためにゴミの山でゴミを漁り、一息ついてゴミの山で遊んだり、食事の支度《したく》をする、それがここの子どもたちの生活である。「ここを出てよそへ行っても、結局生活は出来ない。だからここを離れられない。そういう運命なんです」。声をひそめながら語るブルランの頬《ほほ》を、一筋の涙が流れた。

英語力とネットワーク力

私がそこを訪れた二〇〇四年二月は、大統領選挙の最中だった。スモーキー・マウンテンへも候補者の顔を大きく写した両陣営の給水車が姿を現す。マニラの交通渋滞はすさまじい。現職アロヨ大統領の笑顔がボディに大写しの給水車が停車する横を、中古と分かる大型ダンプカー――ボディには「佐川急便」と書かれたままだ――が、うなり声をあげ、排気ガスをまき散らしていった。

フィリピンの人口七五〇〇万人のおよそ六割が貧困層に属している。フィリピンの富の九割近くは、総人口の一割にも満たない中国系とスペイン系富裕層が掌握している。市内で見かける大手スーパーマーケットやファーストフード店はもちろん、醬油《しょうゆ》味のハンバーガーで人気のファーストフード・チェーン「ジョリビー」も地元中国系資本が経営している。金融、輸送、不動産、薬品、繊維関係、メディア(英字新聞)、フィリピン経済は中国系フィリピン人の資本がなければ回って行かない。欧米からのアウトソーシング需要を引き出し、それに応じて、新たなビジネス機会をつかんでいるのも、米国の大学への留学組で流暢《りゅうちょう》なアメリカ英語を駆使《くし》する若手中国系たちだ。英語力、コミュニケーション力に加えて、彼らのネットワークの力がモノをいう。グローバリゼーションはますます、フィリピンの米国留学熱を高める結果を生んでいる。

ブルランは、「貧困層から頑張って名門大学に入学し、それからさらに努力して奨学金で米国留学でも果たさない限り、競争力ある英語力もネットワーク力も付きません。貧困層からの脱出は、本当に大きな、大きなチャレンジなんです」と言った。彼女は奨学金を得て大学に行った。スモーキー・マウンテンの住民ではきわめて恵まれた部類に入る。その後、PMCで教師の職を得た。

PMCというのは、フィリピン・モンテッソーリ・センターの頭文字である。マニラにあるドイツ系財団、ミッシン・パンガラップ教育基金(一九八八年設立)が進めているモンテッソーリ教育の私立学校である。マリア・モンテッソーリ(一八七〇—一九五二)は、イタリアの女性教育家であり医者である。モンテッソーリ教育法というメソッドを作った。自学自習で子どもの自立を促《うなが》し可能性を最大限に引き出すことが特色とされている。アメリカの教育者ジョン・デューイと並ぶ影響力を持った。

民間教育プログラム

スモーキー・マウンテンの公文センターも、ミッシン・パンガラップ教育基金の力添えで生まれた。二〇〇〇年の夏のことだ。同基金の代表イルミナダ・ウェルハフ理事長がフィリピン公文に一通の手紙を送ってきた。その中で、ウェルハフは、同基金は、これまでフィリピンの恵まれない子どもたちに教育機会を与える支援活動をしてきた。スモーキー・マウンテンの子どもたちに学ぶ機会を与える支援活動をしたいと思っている、できれば公文に基金を支援してほしい、古い学習教材を提供していただきたい、という趣旨を述べ、公文に協力を要請した。

ウェルハフは、基金設立当初から「アウト・リーチ・プログラム」を推進してきた。教育を受ける機会を持てない子どもを対象に「読み・書き・計算」を教える「民間教育プログラム（ノン・フォーマル・エデュケーション・プログラム）のことである。プログラムはそれまでに、幼稚園六〇カ所、小学校一五カ所、中・高校二四カ所に広がっていた。

彼女が公文を知ったのは、一九八九年三月の『フィリピン・インクワイアリー』紙に紹介された「米アラバマ州で公立学校への公文式導入」の記事（一九八九年三月二六日付）を読んだのがきっかけだった。「民間教育プログラム」に公文式学習を学校導入したいと考えた。

いま、PMCは公文式学習の授業を週五日、行っている。私立学校の場合、国が定めた学習指導要領の基準を満たせば、あとは学校の個性に合わせた授業ができる。同時に、放課後を利用してPMC生徒以外の外部学生へも「公文学習」の門戸を開いている。放課後を利用して週二回「公文センター」が学校内で行われる。一人でも多くの子どもたちに公文式を学習して欲しいという思いからである。

そして、二〇〇一年八月、スモーキー・マウンテンに公文センターがオープンした。高橋は言った。

「フィリピンの場合、一教科の学習で生徒が払うひと月の会費は一四三〇ペソ（約三〇五〇円）なんです。ただ、スモーキー・マウンテンは特別な例ですから、生徒は一教科を学習しても一人あたりの月会費は一〇〇ペソ（約二二五円）となっています。この一人ひと月一〇〇ペソの会費は基金が支払ってくれます。フィリピン公文は、生徒が使う学習教材を無償で配布することと、基金が指導者としてセンターに派遣してくる教師へ公文式学習の指導法を学んでもらうための指導者教育という二点で支援しています」。

スモーキー・マウンテンの二代目とも言える新しいゴミの山「パヤタス」地区にも、公文センターは開設された。パヤタスの地元住民がフィリピン公文に協力を要請してきたことをきっかけに実現している。地元教会の呼びかけで、地域住民が募金を募り子どもたちの月会費（一人一〇〇ペソ）を捻出する。「パヤタス公文センター」では現在、一七〇人が学んでいる。

最初の公文教室は一九八二年

フィリピンに最初の公文センターが開かれたのは一九八二年六月だった。マニラの高級住宅地、マカティで始まった。フィリピンにいる日本人駐在員の子弟が対象だった。それから二〇年余り、センターの数はフィリピン全土で一五三になった。教室指導者の数も一五三人、学習者の数はフィリピン全土で二万五〇〇〇人（数学一万六〇〇〇人、英語九〇〇〇人）である。北はルソン島イロコス州ラオアグから、南はミンダナオ島のダバオ、サンボアンガまで広がっている。

Kumon はさまざまな形で広がってきた。ある篤志家《とくしか》の発案で、公立小学校に公文式が学校導入されたケースもある。マニラ市内リビス小学校への導入である。ジェイム・デル・ロサリオ（税理士、アーサー・アンダーセン勤務のあと引退）がその人である。彼は公文ペアレントだった。息子が公文式算数・数学の最終教材を終えたとき、自分の子どもだけではなくもっと多くの子どもたちに学習させたいと思い、学校導入への協力を公文に申し出た。ロサリオは、七五人分の会費は全額自分で負担すると提案した上で、公文の教材を無償で提供してもらえないかとフィリピン公文に相談した。フィリピン公文は、生徒の数を七五人までと数を限定、また、リビス小学校の近隣で公文センターを開設している指導者の了承を得た上で、導入への協力に踏み切った。

ロサリオは学習日には決まってリビス小学校を訪問し、公文学習教室をのぞいた。ただ、リビス小学校の公文学習では、私営の公文センターの教材学習とは違ったルールを設けた。学習者たちは公文教材は学校だけで自習し、自宅には教材を持ち帰らないというルールである。一般の公文センターでは、次の学習日に家でやり終えた宿題を持参し、その出来具合から、指導者と一緒に自分で自分の学習レベルを診断する。リビス小学校の七五名の公文学習者は、授業時間内にそれらもすべて済ませなければならない。

また、一家族一名まで、とのルールはロサリオが提案した。「七人とか八人とか、兄弟が多い家庭が多いですから。ある小学生の男子は、自分が学習し終えた教材を一生懸命ノートに写しているのだそうです。どうしてかなと思ったら、一家族で一人までしか学習できないから、写した問題を家へ持って帰り、それを小さな弟や妹にやらせたい一心で書き写しているらしいんです」(高橋真澄の話)。

またフィリピン公文は、「21世紀協会」(本部八王子)という日本のNPOとフィリピン南部にあるミンドロ島山岳部の少数民族マンニャン族の教育支援に協力している。「21世紀協会」は翻訳家の池田《いけだ》晶子《あきこ》が代表を務めている。

池田が初めてマンニャンを訪れたのは一九九〇年である。大学を通して知ったフィリピンの修道会が進めていた識字教育の活動に心を動かされた。現地に行って仰天《ぎょうてん》した。極度に不衛生な環境の中で人々は貧窮《ひんきゅう》にあえいでいた。もともとは山菜や木の実を主食としていた山岳民族だが、環境破壊で主食源が絶たれ、農業をしなければならなくなっていた。しかし、農業という概念が分からない。作物は毎日、水をやらなければ育たないという理屈がのみこめない。一年かけて水を与えて育つ姿を見せてはじめて少し理解してもらう。支援する内に彼らは「国の恥」のように思われ、フィリピン社会でも差別されていることも知った。識字率はほぼゼロに近い。交通の便がきわめて不便で、子どもたちが町の小・中学校に通うには徒歩で四時間近くかかる。

山岳地帯のマンニャン族が住む五つの村落には学校は一カ所だけあった。しかし、教科書も不足していれば教師もいない。かといって町に通わせるのは時間がかかり、難しい。それなら子どもたちが共同生活が出来る寮を作り、そこで一緒に勉強をする習慣をつけさせたらどうか。識字教育に力点を置いた学校を村に開こう、それを目指そうと池田は考えた。一九九五年のことである。農業支援は日本の技術援助機関、ＪＩＣＡ（国際協力機構）の支援、学校と寮の設立は日本の公益法人各機関の支援で見通しが立った。

だが、寮は出来たが課題は残った。親の子離れが難しい。子どもを寮に入れる決断が出来ない。子どもが家を離れるとさみしいと親は訴える。親の気持ちを思う子どもたちは、寮生活も二カ月そこそこで家族のいる山へと帰ってしまう。それでも、わずか二カ月でも教育を受けると大きな変化が子どもたちには起こる。まず相手の話を聞こうという態度が生まれる。フィリピンの修道会が手を引いてしまったあとも、池田たちの「21世紀協会」は単独で教育支援事業を続けている。

ところで、池田はある縁で、岡山県の公文教室の指導者、米本弘子《よねもとひろこ》と知り合った。米本は岡山県小田郡で、矢掛《やかげ》公文教室を主宰している。指導歴二八年のベテランである。米本はマンニャンへの教育支援の話に意気に感じ、ミンドロ島までやってきた。現地に着いたものの、さて、子どもたちとどうコミュニケーションをとってよいものか。

米本は砂の上に棒で、「2＋2」と書いた。一人の子が、「Four」と英語で答えた。これはいけるかも知れない、と米本は思った。算数は国境のないコミニュケーション手段である。日本に帰ってから、米本は、手元にある古い教材をかき集め、段ボール箱で二箱、現地へ送った。これがきっかけで、公文式学習が、マンニャンの子ども寮で教えられることになった。

二〇〇二年、公文式を学習してきたマンニャン寮生の一人、ネルミー・パンクサガン(当時二七歳)がパタンガスのゴールデンゲイト大学を卒業した。マンニャン族で初めて誕生した大学卒業生だった。彼女は卒業後すぐに村に帰り、識字教育を進めるために教師になった。いまは郡の行政機関にある「少数民族支援課」に勤めている。新たなロール・モデル(役割模範)が生まれたのである。影響は大きかった。「昨日までは知らん顔の住民まで、うちの子も学校に通わせたい、教師にしたい、といって入寮を願って来るようになりました。ネルミーはみんなの誇りなのです」と池田は言った。

「21世紀協会」の現地活動では、代表の川嶌寛之《かわしまひろゆき》と日本人の大学院生や大卒のボランティアと共に、寮から町の学校へ通ったマンニャン族の卒業生たち二〇名ほどもボランティアとして働いている。公文式学習は算数に絞っている。日本人ボランティアたちが百点を取れるまで、生徒に何回も繰り返し練習をさせている。その甲斐あって、町の学校でマンニャンの高校生のなかから数学で一番をとる者や、ほとんどの生徒が数学のトップ・グループに名を連ねるケースが出てきた。町の学校の先生がびっくりして、寮まで公文式学習の補習授業の様子を見学に来た。

もうひとつ、池田が心がけていることがある。大きい声であいさつをすることである。「マガンダ・

ハポン」、タガログ語で「こんにちは」。相手の目を見て、大きな声で、と若いボランティアたちは教える。それも少しずつ根付いてきた。子どもたちが何とか自立し、自分たちの文化に誇りを持って欲しいと、池田は願っている。

フィードバック

フィリピン全土の一五三人の教室指導者も、さまざまである。ビアンカ・コファンゴもその一人である。彼女は、サンミゲル・ビールのオーナーで、元大統領、コーリー・アキノの実家でもあるコファンゴ財閥の一族に連なる。コファンゴ一族の住むターラック地域でアキノ邸の隣に住んでいた。しかし、昨年、地元でコファンゴ一族への反感から農園暴動が勃発《ぼっぱつ》した。彼女もターラック地域には住めなくなり、公文センターも閉鎖に追い込まれた。「子どもたちのためにと地元で指導をしてこられて、その地元がコファンゴ一族にそれほど強い反感を持っていたということに衝撃を受けられたようです。きっとまた、どこかでセンターを開かれるとは思いますが……」。そう言った高橋の声音に複雑な響きがあった。

二〇〇五年一二月に行われた公文の「世界公文指導者研究大会」で「フィードバック」(生徒と指導者が目標と学習内容理解の共有を通して、生徒が学習を主体的に進めて行くためのコミュニケーション)に関する特別発表をしたのがフィリピンの公文指導者、テス・サントスである。彼女もセブ島でマンゴ農園を所有する裕福な家庭の出身だ。サントスの公文センターはメトロ・マニラ(マニラ首都圏)のバレンズエラ市にある。一九九九年三月に開設し、二〇〇五年で生徒数は五〇〇名を越えた。バレンズエラ市は貧困層から中流層まで、多様で幅広い層を抱える住宅地域である。サントスはフィードバックを徹底させている。

高橋は次のように言った。「サントス先生のセンターでは、生徒が家庭でやってきた宿題を学習日に持ってくると、自分で解答書を見ながら自己採点してるんですね。生徒が六歳でも一二歳でもその点、同じです。それから、フィードバックをします。生徒はすでに自分で自分の力を測ることができるようになってますから、フィードバックも自分が決めたことを先生と話し、相談している感じでしょうか。最後に、次の宿題まで自分で教材をセットして帰ります」。

「教材をセットする」というのは、センター指導者や指導者を補助するアシスタントにとって、気の抜けない仕事である。指導者は、一人一人の子どもの学習状況や、教材(一〇枚)を終えるのに要した時間と正解率、宿題の出来具合などから総合的に判断し、次の教室での学習日に、復習させるべきか、それとも新しい教材で先へ進ませるかの学ばせ方を決めて教材を用意する。

「教材を自分でセットする」というのは、生徒の個人ファイルに生徒が自分自身で次回行う教材を入れることだ。自分で次回は〝腕試し〟にするか〝繰り返し〟にするか、その〝ちょうど〟のさじ加減を考える。セットできるということは、つまり、生徒自身が自分のいまの学力を把握していて自分でその日の学習課題を考え自分で決められる状態に到達したということである。

指導者は、フィードバックのフェイズ(局面段階)を前に進めようとするが、個人差がある。第一フェイズを卒業するのに一年かかる子もいれば、二、三年かかる子もいる。結局は、どれだけ自学自習の習慣を付けることが出来るかどうか、である。

サントスは、とにかく生徒とじっくり話し合い、絶え間ないコミュニケーションをとるのだという。コミュニケーションの中から、生徒への動機付けのヒントとタイミングを探る。

こんなことがあった。ある学習日、サントスのセンターに生徒の父親から電話が入った。「うちの娘は公文に行ってますか」「ええ、来てますよ」。すると、父親は困ったような声に変わった。「実は、何カ月も前に失業したので月会費は払えないから公文は辞めるように、子どもには言ったのですが……」。娘は、公文だけは辞めたくないと、貯めていた自分の小遣いを使って教室に通っていたのである。サントスはその女生徒を、自分のセンターの奨学生にして、月会費を免除した。その話をする高橋の声が、少し湿った。

サントスのセンターがあるバレンズエラ市に暮らす貧困層は、ジプニー(ジープ改造車で乗り合いタクシーのような乗り物)やトライシクル(三輪トラックを改造した乗り合いタクシー)の運転手を親に持つ家庭も少なくない。彼らの平均月収は九〇〇〇ペソ(約一万九三〇〇円)くらいである。子ども一人を公文に通わせるには、毎月一四三〇ペソ(約三〇五〇円)の会費を払わなければならない。親にとっては相当に厳しい関門だが、それでも親たちはサントスのセンターの門を叩く。自分たちが果たせなかった夢を思い、子どもたちが自分たちより少しでも良い将来を手に入れられるようにとそれだけを頼みに公文の月会費を払い続ける親がいる。「母親が市場で菓子を売って生計を立てている家庭の子どもで公文生がいます。その生徒は公文に通いたい一心で少しでも足しになればと自分のわずかな小遣いを貯めては毎月月末に親に渡すそうです」。

◆ブラジル

有権者と読者

アマゾンの町、ベレンに近いホテルに着いたら夜中近くになっていた。寝付けないまま部屋の窓から、真夜中でも賑《にぎ》やかな通りを眺めていた。午前二時ぐらいだろう。小学生らしい年齢の少年たちが十数人、どこからともなく通りに集まってきた。年嵩《としかさ》の少年が、他の少年たちに鋭い口笛で号令をかけた。彼らは二つのグループに分かれた。町の中心地、それも信号が両方にある交差点の中でだ。そして突然、紅白サッカー試合がスタートした。にわかサッカー・ファンの私にも分かる見事な足さばきだった。いったいどこで彼らは練習してきたのだろう。

それにしてもおかしなサッカー・ボールだった。テカテカと茶色に光っている。蹴《け》った瞬間、とんでもない方向へ変な調子で転がって行く。何回目かのゴールのあと、毀《こわ》れた。ボールが毀れたのだ。さっきの年長の少年が跳んでくると、さっとポケットから茶色のガムテープを取り出すと器用に修繕を始めた。サッカー・ボールは新聞紙と段ボールの一部を固めて丸く成形した「少年たちの作品」だったのだ。

翌朝、ホテルの玄関近くに昨夜のサッカー少年の一人が眠っているのを目にした。小さな手足。Tシャツを枕代わりにぐっすり眠っている。まだ一〇歳にも届かないだろう。ドアの内側から少年の寝顔を見ながら、私は空港行きの車に乗った。これからアマゾン地域ベレンに飛行機で向かう。

ベレンでは「読者育成教育」という読み聞かせ活動をしているサルマオ・ラレドに会った。ベレンは素晴らしく美しい欧州風な町並みを持つ都市だ。しかし、中心地をひとたび抜けると想像を絶する貧相な家々が延々と続く。小屋と呼んだ方がピッタリだろうか。そこには、大家族が暮らしている。

ラレドは言った。「ポルトガル語で有権者はエレイトール、綴《つづ》りの頭のEを取ればレイトール、つまり読者という単語になります。私は幼児期からの読書習慣を通して読書することに親しんでもらい、探求心を持ってもらい、よりよい判断の出来る有権者に育ってほしいと思っているので、読み聞かせ運動を始めました」。

民主主義の基礎は読書にある、とラレドは信じている。ベレンを含むアマゾン地域には豊富な天然資源がある。しかし、そこに生きる人々は貧しい。教育がないばかりに政治への参画の仕方において間違った選択をしてきたからである。自分たちで逞しい市民社会をつくるにはモノを考える市民をつくる以外にない。それには読書から始めるのが筋だ、とラレドは言った。

ラレドは「ブラジル公文」のアソシエイツが紹介してくれた。実は、ラレドは私のインタビューの日まで、ブラジル公文の存在も、公文式学習もほとんど知らなかった。インタビューを前に、ブラジル公文のベレン事務局が公文の国語（ポルトガル語）教材サンプルを見せた。ワークシートの中にたくさんのブラジル人作家の作品が問題として出てくるのを知って、驚き、また意を強くしたという。

同時に国際的に知られたブラジル人作家が多くの優れた作品を書いているのに、自分も含め当のブラジル人自身、それほど知らないし、だいたい読んでいない、そのことに愕然《がくぜん》としたともいった。「ベレンの大方の市民の家庭には本がほとんどありません。書籍を一冊も持っていない家庭も珍しくない。あっても聖書ぐらいです。だから本を読む習慣そのものが育たないのです。私も小さいころ、家に本は一冊もありませんでした。本が読みたい、何でもいいから読みたいと思っても、本がない。教師だった祖父からもらったマッチのラベルを読んだものです」。それでも、父親が本を借りてきて、読み聞かせてくれた。毎日、少しずつ進む。次を読んでもらうのが待ち遠しかった。ラジオもなかった。そこで父親は隣家に行き、ラジオのニュースを聞いては自宅で家族の前で実況中継した。やっと古いラジオを購入すると父親は毎晩国営ラジオ局のニュース番組をかけ、テーマ曲のクラシック音楽について、作曲者のことや内容や意味を話してくれた。母親も毎晩寝る前に昔話や民話を話し聞かせてくれた。

作家になったきっかけは、少年の頃のベッドの枕元で父と母から聞いたそうした数々の物語に遡る。「板と白墨を持って母と一緒に川へ洗濯に行くんですが、母に「次は何をするの?」と訊くと、「アイロンをかけるの」と答えます。僕は板に白墨で〈アイロンをかける〉と綴りました。紙とか筆記用具は買えなかったので、板がないときは砂に書きました。板に書いたのは祖父に見てもらい直してもらいました」。

リオ・デ・ジャネイロと綴れるようになった日のことを忘れない。祖父は本は持っていなかったが辞書を持っていて大切にしていた。ある日、ラレドが「リオ・デ・ジャネイロ」と綴れると言うと、祖父はすぐに白墨を渡し「書いてごらん」と促した。ラレドはリオ・デ・ジャネイロのジャネイロの頭文字をJと書くところを間違ってGと綴った。そのとき、ラレドの手元を見ていた父親が言葉を差し挟み、その間違いをきっかけに同音異義語のことや、GとJの発音の違いなどのことを教えてくれた。

「父や祖父の教育は公文式に通じます。毎日学習、それからやさしい問題をたくさんこなして次へ進めるというやりかたです。父はいつも、本がないと嘆くより手元にあるものを何でも読んでしまえと言いました。さっき話したマッチもそれ。メーカー名がFiat Luxと書いてある。祖父がそれはラテン語で

〝光を起こす〟って意味だといいながらラテン語の基礎も話してくれました。手近にあるものにいつでも好奇心を持って疑問を持つ、そして読む。これがウチの教育でした」。生活は苦しかったが、親は聡明で向学心の強いラレドを公立校にやった。公立校にもまた教科書以外はほとんど本らしきものはなかった。

いま、手弁当で読者育成教育を続けているのは、いまもなお公立校には読む本が少ないことを知っているからでもある。自分が子どもの頃に比べれば、いまの方が人々の生活水準は上がっている。しかし、生活水準が上がれば上がるほど、親が子どもと一緒の過ごす時間は少なくなっていく。子どもに昔話を聞かせることも消えつつある。生活に選択の幅が広がるのはいいのだが、子どもに読み聞かせすることさえ選択の一つになってしまいかねない。その理由も口実も選択の幅が広がっている。カネがない、時間がない、図書館が遠い。

「小学生には、今日あったことを毎日五分間でいいから親と話すようにしなさいと言い聞かせます。また約束したこと、例えば朝、お父さんに声をかけて起こすとか「おはようございます」と言うこと。そういう声をかけ、あいさつをすることの大切さを教えます。この間、読書活動に来る少年の一人が「お父さんは本を買ってくれません」というので、私は訊きました。「お父さんはビールを飲みますか」。その子は「週に四本飲みます」と言うので、「じゃ、来週は三本にしてもらい、一本をボクの本代にしてくださいとお願いしましょうか」と策を授けたのです」。

『ベレンの幽霊』

ベレンにある公立校を訪問した。サンパウロ、リオ・デ・ジャネイロと同じくここでも三部制授業が行われている。日本でいう小・中学生(初等教育課程 七―一四歳)が午前中、同じく高校生(中等教育課程 一五―一八歳)が午後、識字率向上が目的の成人クラスが夜、開かれる。都市部では夜も、初等、中等教育課程の生徒のための授業が行われる。

図書館へ行くと、こぢんまりした部屋の中に数人の女生徒が額を集めて一冊の本を読みふけっていた。『ベレンの幽霊』と題する本だそうだ。文部省から支給された書籍の一冊である。図書室では貸し出しもするが、返却の期限はきびしい。書籍が紛失しないように、図書室も生徒が出入りする度にドアにカギがかけられる。

ここの初等課の生徒数はおよそ一四四〇名、平均一クラス四五人だった。この学校の教師で図書館も担当しているのはアーリーン・クリスティーナ・ダ・エス・ロペスである。ブラジル人には、アフリカ系・ポルトガル系・欧州系・日系、さらにさまざまなルーツの遺伝子が注ぎこまれてブラジル美人をつくるのだろう。彼女もその一人である。夏の陽を浴びた小麦のように肌が黄金色に輝いている。「私もそうですが、アマゾン育ちはアマゾンを離れられないのです。伝統や習慣や伝説や神話がここにはいっぱいあって、それを失いたくないからでしょうか」と言って笑った。

「読書を活発にしようというパラ州(ベレンのある州)の方針で、文部省からいただく本も生徒たちが興味を持つように配列やプレゼンテーションに気を遣っています。生徒たちの家庭を考えると、自宅に本を持っている家庭は多くないと思います。ただ、五年生から八年生には全員、本を贈ることを文部省が推進していますので配りました。一人三冊ずつです。その本は家庭にあると思います」。生徒が図書館に入ろうとするたびに、ロペスはドアのカギを開ける。生徒たちは静かに入ると、学習を始めた。

成人クラスは政府プログラムEJAといって四つの段階がある。ここでは第三（初等五、六年レベル）と第四（初等七、八年レベル）を成人に教えている。授業科目も初等教育課程の子どもたちと変わらない。この公立校の卒業生の中から国立大学へ進学する生徒も出てきた。数はまだまだ少ない。課題のひとつは受験料である。成績がよくても受験料が払えず、大学受験を諦める生徒も多い。

プロフェッソールと呼ばれる教師も給料はそれほど高くない。そんなこともあるからだろうか、国立大学を卒業して日本へ「デカセーギ（出稼ぎ）」に行ったとか、成田空港で清掃関係の仕事をしていたとか、こちらを日本人と知ると、そういう逸話をベレンの私立校コレジオ・テオレマのパウロ・グラオ校長を初めとする何人かから聞かされた。

集中力は経験力

サンパウロ、リオ・デ・ジャネイロ、ベレンで、公文センターをいくつか見学した。規模はそれぞれ違うが、どのセンターも「小規模なエリート私立校」という感じである。ブラジルの大都市はどこも治安問題が深刻だが、公文センターの教室内に一歩足を踏み入れれば、安心して学習に集中できる。清潔なトイレ、清潔なキッチン、清潔な飲料水も確保されている。同じ町で訪れたさまざまな公立校で目にした、殺伐《さつばつ》とした風景とはここは無縁である。この快適な学習環境を守るために、おそらく指導者たちは骨身を削って努力しているに違いない、と思った。

公文センターの多くは午前中から始まる。公立校が三部制授業をとっているからである。ただ全日制の私立校に通う生徒は午後からくる。公文学習のメリットのひとつは集中力が付くことだ、とマリア・アルジラはいった。マリア・アルジラ・デ・アルメイダ・ディニツに会った。彼女はリオ・デ・ジャネイロのバラ・ノヴォ・レブロン公文センターを主宰する指導者である。二児の母親。企業で役員の秘書をしていた。娘を自宅近くの公文センターに通わせようと思っていた矢先、そのセンターが閉鎖されてしまった。地域は高級住宅地だったが、子どもに毎日学習する忍耐力がつけられなかったり、子どもに学習させる親の忍耐力もなかったのが閉鎖の原因と聞かされた。ましてや、長い夏休みになると子どもたちは教材学習を放りだしてしまう。それで、教室指導者がやる気をなくしたものらしい。

マリア・アルジラは、ひとり娘のパオラが将来、自立できるかどうかが気がかりだった。パオラにはどういう学習環境をととのえることが必要なのか。専門家にも何度となく相談していた。その結果、公文式学習法を試してみる結論に達した。そう思った矢先に、頼みの綱である近所の公文センターが閉鎖されてしまった。それなら自分がやるっきゃない。そう覚悟を決め、自宅を売却して、ショッピング・センターの一角のスペースを購入し、公文センターを開き指導者になった。

パオラは公文学習に熱中した。数学は一八歳で最終教材（大学レベル）を終了した。国語教材もまもなく終える。ポルトガル語版日本語教材の学習も始めている。語学学校で英会話も勉強している。すべては公文学習で身につけた集中力が決め手になっている、とマリア・アルジラは確信している。「公文学習から学ぶ集中力の高さは、学生でも社会人になっても大切な資質になると思います。もし学生なら、例えクラスで周りがうるさくても、集中力があれば先生の言うことに注意を払って授業も苦労しない。

宿題も簡単になるでしょう。公文学習者の多くが言うことですが、公文で(自分の)学年より先の内容まで進んでおくと、家で勉強しなくても試験ではいい成績がとれるようになります。とくに国語は文章を読み解く力ですから集中力は役立ちます。隣に私立の名門校サント・アグスチニョ校がありますが、あそこでも試験勉強や宿題に余裕が出た生徒はスポーツや他の習い事に時間を費やしている。豊かな経験を積んでいる。集中力は同時に二つのことをする力を養うのだと思います。注意力が散漫では経験が積み上がらないでしょう」。

「集中力は経験力だ」とマリア・アルジラは言うのである。

もう一つ、マリア・アルジラが公文式との関わりの中から抽出した教育精神は、〈自分が苦労してこそ人に対する思いやりも生まれる〉ということだった。「公文で算数が得意と思っても新しい単元に入れば知らないことが山ほどあるのに気付きます。知らないことが自分にはたくさんあると思い知らされる。自分はまだまだ、と神妙な気持ちになります。学校へ行けば、自分の学年相当の算数は簡単にできますから、困っている友だちの手助けをしたいと思う気持ちが生まれてきます。相手がつまずいているところはかつて自分もつまづき苦労したところですから」。自分がつまずいて、それを自覚してこそ、人に対して謙虚になる——そういうことをマリア・アルジラは言おうとしていた。

その日、マリア・アルジラは一人の男の子(サムエル)にかかりっきりになっていた。別の公文センターからの転入生である。学力診断テストの結果、この転入を機に別のセンターで学習していたレベルより低いレベルの教材からやらせた方が彼のためになるとマリア・アルジラは判断した。しかし、サムエルは納得しない。何だか自分の能力を低く評価されたようで、悔しいのだ。

サムエルとの話し合いは、延々一時間ほども続いている。「保護者に自分の仕事のスタイルをはっきりと伝えることが大切だと思います。サムエルの場合でも親にも彼にも、ここでは力を付けるために生徒には厳しくすると言ってあります。指導者が自分のことを本気で考えていてくれていると納得して初めて、生徒はヤル気を出すのです」。

サムエルはようやく納得したらしい。学用品をしまって、ワークシートの宿題をもらった。それから両腕を大きく広げるマリア・アルジラの腕の中にサムエルが飛び込むと、二人はしばらくじっと抱き合った。

教育ディバイド

ブラジルは南米の超大国である。国土面積(世界五番目)は、南米全体の四八パーセントを占めている。東西、南北それぞれに四三〇〇キロの距離を持ち、国境線の長さは一万七五〇〇キロにも達する。GDP(国内総生産)、つまり経済規模(世界一一位)は、南米経済の四四パーセントの規模を誇る。しかし、まだ開発途上国である。

大国でありながら、ブラジル各州の公立校ではまだ三部制授業が行われていることにもそれは表れる。全日制への移行が叫ばれてきたが、二部制、三部制でも、すべての子どもに教育の機会を保障できない現状では、全日制への移行はまだまだ先だ。ブラジルでは教育は、初等教育課程(八年間)、中等教育課程(四年間)、高等教育(大学四年間)に分かれている。この国の教育で大きな課題は、初等課程の就学率の低さだ。ひとつにはブラジルの教育を特徴づける〝落第〟制度のせいともいえる。大学だけでなく初等課程の段階から、試験に合格しないと次の学年に進級出来ない制度である。落第する生徒が最も多いのが第一学年から第二学年へ上がるときだという。基本的なアルファベットの読み書きを修得できずに落第させられる。こうした基礎学力をつけられない子どもたちのために、ブラジルにはさまざまな課外学習の塾がある。公文センターもこの役割を担《にな》う。

ブラジルの公立学校は幼稚園から連邦大学、州立大学まで授業料ゼロである。しかし公立の初等教育課程への予算配分は不十分であり、私立校と比較すると教育環境は劣《おと》る。そのせいか、授業料を払わなくていい国立大学に入れるのは高い授業料を払ってきた私立学校の生徒で、公立学校で勉強してきた生徒の多くは授業料の高い私立大学に進む例も多いという。就学率の低さも、落第による落ちこぼれも、補習学習も、公立校の劣化も、どれもが私立校や課外学習の塾へのニーズを生むことになる。しかし、それはただでさえ貧富の差が激しいブラジルで、教育ディバイド(格差)をさらに拡大する結果をもたらしている。

ブラジルの教育改革の方向はどちらに向かっているのだろう。サンパウロにあるパウロ・ヘナート・コンサルティング会社の本社で、経営者のヘナートに会った。ヘナートは、前のカルドーソ政権の文部大臣である。「学齢期に達した児童が当たり前に初等教育課程に就学できるようになったのが、一九九七年から九八年になってです。近隣のチリ、ウルグアイ、アルゼンチンにしてもたいていの国ではそういう制度は一九世紀に当たり前になっていたでしょう。それが、ブラジルでは二〇世紀も終わりになってやっと可能になった。ポルトガルの植民地政策のせいです。ポルトガルはブラジルに初等課程はおろか、中等課程や大学さえ認めなかったのですから。ペルーに最初に大学が出来たのは一六世紀です。ブラジルの最初の大学設立は一九三四年です」。

ブラジルは南米随一の教育後進国だったとヘナートはいうのだ。一九九四年以前、ブラジルの初等教育課程の就学率は八割、貧困層では七割強だった。ヘナートは文部大臣の時、それを一〇割にする目標を掲げた。「これまでどの政権も、私たちのように初等教育へのはっきりとした達成目標を立てていませんでした。私たちは初等教育に重点をおく事、それから地方政府の「初等教育基金(FUNDEF)」に連邦政府の補助金を出すことを決めました。この基金を使って、各州各市の教育担当者たちは、子どもたちを全員就学させるように努力してほしい、とお願いしました」。FUNDEFはそのための切札として差し出された。就学する児童が増えれば増えるだけ、地方への交付金も増える。

高等教育も改革しなければならなかった。こちらは、四年制大学の卒業生に対する全国一斉学力テストを導入した。その成績を就職の際参考にしてもらう。この学力テストを実施してから大学生の学力水準が上がり始めた。二〇〇二年には中等教育課程卒業者数は同年代全体の六割まで上がったことを統計は示している。

「ブラジルの初等教育を本格的に向上させないと、民主的に平等な市民社会の構築なんて夢のまた夢です。コンサルティグ会社を始めたのも、私立校の設立にもどこから手をつけたらいいのか分からない人も多いので、手伝いたかったのです。ビジネスですから、報酬はいただきますが、同時に社会へのお返しという意味も込めてやっています」

二〇〇二年、ルイス・イナシオ・ルーラ・ダ・シルヴァが大統領に選ばれた。ルーラはこれまでのブラジルの政治エリートとは異なる貧民層の出身である。ルーラは大統領就任直後の二〇〇三年一月末、二つの国際会議に出席した。一つはスイスの山岳都市ダボスで毎年開かれる「世界経済フォーラム」(WEF=ダボス会議)、そしてもう一つは反ダボス・反グローバリゼーションの集いとして知られる「世界社会フォーラム」(WSF)だった。

ルーラはWEFでは「ブラジルが明確かつ安定し、透明性の高い経済ルールを確立する」。そして「外資導入のためインフラ整備を進める」とアピールした。一方、WSFでは「私の当選はブラジルにとどまらず世界の、なかでもラテン・アメリカの左翼勢力の希望の表れだ」といい、「多くの人が飢餓《きが》で苦しんでいるような経済秩序を続けられない」と締めくくった。

グローバリゼーション時代の革新政治は、こうした一見、矛盾する二つの課題に同時に取り組んでいかなければならない。市場と公正と、富と分配と、経済と社会と、私と公と、これらは緊張関係にありながら、どちらも必要であり、それぞれ対としてこそ全体として成り立つ関係にあるのだろう。ただ、その両者を意味ある形につなぎ、それらを相互依存の関係に練り上げるのは、結局のところ教育ではないのか。

社会に出る有為の市民が、人として家庭を築き、個人として自立し、職業人として知識を使い、技能を発揮し、経済人として質と効率と富を追求・選択し、市民として発言・活動し、有権者として政治過程に参画して、両者は有機的に機能し、経済も社会も発展するのだろう。

ブラジルでは、一五歳以上の国民の一八パーセントがいまだに文字を読むことができない。北東部の農村地帯ほど、非識字率は高い。都市に出てきても、文字の読めない、教育を受ける機会のない人々は、「ファベーラ(ゴミ山)」に吹き溜まる。いったんファベーラに住み着くと、なかなかそこから抜け出せない。そうした家の子どもたちは、初等教育課程に入ってもなかなか続かない。全国平均でも、初等教育課程に入る子どもの三分の一が中途で落ちこぼれ、退学してしまう。

リオ・デ・ジャネイロのファベーラから遠くない公立校のコレジオ・ペドロを見学した際、音楽室を見せてもらった。まもなく授業が始まるらしく、生徒たちが集まっていた。「リオのカーニバルでみんなが踊るっていうサンバ、私ホンモノを見たことないの。踊ってみせて……」。そう私が言うと、子どもたちは恥ずかしそうに笑いながら、互いに肩をつつきあう。

教師が音楽室へ入ってきた。事情を説明すると、気さくな女教師は自分でサンバのリズムを打楽器で打ち始めた。教室の雰囲気が突然カーニバルになった。細身の可憐な少女が一人、前に出てくると足を小刻みに動かしながら手を緩やかにそよがせてサンバを踊り始めた。同級生の男子生徒が太鼓を叩く。すっかり気分を良くした生徒たちは思い思いにサンバを踊り始めた。あの少女もファベーラから学校へ通ってくるのだろうか……。

◆南アフリカ

大変な月会費の徴収

首都のヨハネスブルクの郊外、ニューマーケットのシャープスビルに、公文センターがある。「インカンイェズ・プリスクール教室」という。幼稚園の施設を利用して教室を開いているという。そこを訪れる車のなかで、シャープスビルを通るよそ者の車は窓をピッタリ閉めておいた方が安全だと教えてくれたのは「南アフリカ公文」のアソシエイツのタボ・コエラだった。タボは、この町の出身である。

教室に着いた。教室を主宰する指導者トムビソダ・ママテラが、温かく出迎えてくれた。彼女は、ここで幼稚園を開くまで、病院で看護師をしていた。公文センターの生徒は七人、最年少は三歳で、最年長は七歳だとママテラは言った。全員、算数を勉強している。センターのある地域では誘拐も少なくないという。公文センターに通う子どもたちを人身売買の魔の手から守らなければならない。ここの指導者の最初の責任は、子どもたちの身の安全なのである。「公文学習を始める前に親とは徹底的に話をしておかないと。公文学習の意味だけでなく、生徒たちの送り迎えの責任や家庭での公文学習の継続も分かってもらわなければなりません。むしろ生徒たちより親たちにそうした訓練が必要なんです」。

月会費は一九〇ランドである。日本円にしておよそ三二〇〇円である。しかし、これはこの地区の親たちにとっては大変な重荷である。月会費の徴収は並大抵の努力ではない。この話題になった途端、ママテラの両眼から大粒の涙がポロポロとこぼれた。それをトイレット・ペーパーをちぎっては拭《ふ》き取る。

「七人の生徒のうち三人の生徒は、私が月会費を自分持ちで学習を続けてもらっています。両親とも仕事がないからです。算数のワークシートに目を輝かせて取り組み、力を付けて行く子どもたちを見ていると、親が月会費を払わないからあなたは辞めてください、なんて言えません」

ママテラと南アフリカ公文の関係は、フランチャイジーとフランチャイザーの関係である。ママテラは、公文センターを経営するフランチャイズ契約者(フランチャイジー)として公文(フランチャイザー)から公文式教材を受け取る代わりに、毎月、公文に対する教科数(生徒数)に応じた支払い義務を負う。何人までなら、自分で月会費を負担して学習を続けさせることができるのですか、と私は聞いた。「最高で一〇人まででしょうか」。ママテラはさみしそうに笑った。

「公文を学習している孫娘の扶養も私の責任ですし。孫娘の父親にあたる娘の夫は、アパルトヘイト（白人政権の黒人差別政策）時代、ANC（アフリカ民族会議）のメンバーだったのですが殺されました。アパルトヘイトはなくなりましたが、南アフリカはまだまだ落ち着きません。経済を発展させ、雇用の場を増やさなければなりません。それには教育が必要なのです。公文の生徒をもっと増やしたいと心から思います。ただ、そのためには親たちの理解と家庭の協力がなければ何も進みません」

ANCは、いまの与党である。一九一二年、アフリカ人都市知識層を中心に結成されたが、一九六〇年に非合法化され、六二年にはネルソン・マンデラ議長が逮捕された。この間、ANCはアパルトヘイト政権に武力闘争を挑んできた。一九九〇年、デクラーク政権の対話路線によって合法化され、マンデラも釈放。一九九四年の議会選挙で第一党となり、マンデラ政権が誕生した。その後、マンデラは引退。ターボ・ムベキがANCの新議長に就任した。

南アフリカはアフリカの大国である。資源も豊かである。アパルトヘイトをうち破り、新生南アフリカを興したが、まだまだ貧しい。なかでもHIVによる犠牲者《ぎせいしゃ》が急増し、それが経済と社会を蝕んでいる。開発も発展も、すべては健全な家庭と親と子どもたちの教育にかかっている。しかし、多くの人々にはまだその備えができていない、とママテラは感じている。「南アの黒人の多くは自分を被害者だと見なす傾向が強いのです。自分の窮状《きゅうじょう》を訴え、差別を訴え、被害を訴えることには熱心なのですが、同胞の黒人の窮状をそれほど理解しようとしないのです。気にしないのです。恥ずかしいことですが、それが実態です」。

「例えば私の幼稚園に通ってくる園児のうちある親は、まったく幼稚園の月謝を払わないんです。思いあぐねて言ったことがあるんです。月謝がどうしても払えないなら、もっと月謝の安い幼稚園を紹介しますから、そちらに転園されたらどうですかって。すると母親は、とんでもない、ここがいいんです。安いところは程度も良くないから通わせたくありません……って。それだけです」

黒人たちは、かつてはどの問題もどの被害も、すべて白人政権のせいにしてすませていたきらいがある。しかし、いつまでも人のせいにできない。自分たちの問題として正面から取り組まなければならない。いつまでも被害者意識に凝《こ》り固まっていては前進はない。ママテラはそう言いたかったようだ。自分の運命を決めるのは自分であり、自分の責任であるという当事者(ステークホールダー)意識を国民が持たなければ、個人も国家も進歩はない。そのために一番必要なことは読み・書き・計算ができ、コミュニケーションがしっかりでき、有為な人材として社会の輪に入っていける訓練、つまりは教育である。

この地域を担当するコエラに勧められて公文指導者の研修に参加するとき、ママテラは家族を全員連れて行った。公文の意味を家族にも理解してほしかったからだ。「生徒たちが公文の算数を学習することは本人の能力開発にとどまりません。公文学習は子どもたちに自信を与えるのでしょうか。家庭での態度も良くなったと親たちから聞かされます。私は、自分たちが学習する教室は自分たちで清掃しなさいと子どもたちに教えていますが、生徒たちはよく守ってくれています」。

ママテラは四歳の生徒が、母親が床に散らかしたパンフレットを見て「拾って机の上に置いてね」と注意したという話を嬉しそうに話した。そういう話をするとき、ママテラの表情は輝いた。月会費の話をしたときのあの沈んだ表情はどこかに消え失せていた。

自己評価の大切さ

南アフリカのケープタウンにあるテーブル・ビュー公文センター指導者のバベット・マランは、公文に通う子どもたちがいかに学習を続けることが難しいか、と何度もため息をついた。マランは白人(ボーア人)である。欧米と同様に、南アでも親は、子どもを公文に通わせるには、週二回の学習日の送り迎えをしなければならない。治安が悪いだけに、親も指導者も子どものセンターへの送り迎えに人一倍気を遣う。

つい先だってマランは自宅で強盗にピストルを突きつけられた。幸い怪我《けが》はなかったものの、恐怖におののいた。町を離れることも考えたが、残ることにした。家族みんなで話した結果、自分たちにとって祖国はここ以外ないし、どこに行こうが状況は変わらないとの結論に達したのだという。

公文に子どもを通わすことができる親はほとんどが共働き夫婦である。送り迎えのやりくりだけでも大変な負担となる。公文は、毎日学習と家庭学習を要求する。それは親の協力なしにはできない。自学自習を標榜《ひょうぼう》する公文式では、公文センターで教材学習をする週二回の学習日以外は、自宅で毎日必ず教材学習するよう指導している。生徒が家庭で日々学習する教材、つまり宿題の採点を担当するのが、公文ペアレントの役割である。

子どもが家に持って帰る宿題は、子どもが学習し終わったら親が責任を持って点数をつけてやらねばならない。それも週に五日である。週末もクリスマスも夏季休暇も誕生日もない。毎日学習に例外はない。両親共稼ぎの家庭も多い。時間のやりくりだけでも大変だ。

頭が痛くなる、面倒くさい、時間がない……それだけではない。カネを払って勉強させているのに、なぜ、親が指導者のアシスタントのようなことをしなければならないのか、という気持ちもある。「一年経てば、子どもに(親でなく)習慣がついて、馴《な》れて行くケースが多いのですが、そこまで待てないんです。その時間がかけられない、辛抱《しんぼう》できない。親の問題かもしれませんね」。マランはそう言った。

家庭に宿題を持ち込まれ、その採点の責任を持たされることが気重になる親は、アフリカだけの専売特許ではない。そういう親は世界中どこにもたくさんいる。もちろん、子どもの宿題の採点をしていくうち、親は新たに発見する喜びを見いだすことができる。自分の子どもが、例えば算数で、どんなことを学び、何を覚え、何を難しいと思い、なぜそこで足踏みしているのか、それをどう克服しているのか、反対にどうして驚くほど早いペースで先へ先へと進んでいけるのか……という日々の発見は、たとえ算数という教材の採点を通してではあっても、親は子どもが持つ可能性の広がりを実感できるきっかけになるはずだ。世界中どこの国や地域であれ、そうした親の気持ちに変わりはないだろう。

しかしそれでも、日々の家庭採点の責任をどこか気重に感じる公文ペアレントの気持ちもわからないでもない。それに、南アには南ア特有の事情もある。ここの公文ペアレントのなかには、小学校を卒業していない人々も少なくない。採点をするだけの学力が親にないケースもある。中には、子どもと一緒に机を並べ教材学習を始める親もいる。南アのアパルトヘイトは何よりも教育において黒人に差別的だった。

マランは公文式を通じて、子どもたちの学力もさることながら、それ以外の「何か」が変わることを身を以て体験した。自分と似て、引っ込み思案で人前では恥ずかしがってばかりいた娘が、公文学習のおかげで算数に自信を持ち、学校の算数の時間に手を挙げて答えを言ったと担任から電話で知らされた時、マランは腰をぬかさんばかりに驚いた。その「何か」は、「自信」だったかもしれない。「私のセンターでも自信を持った子どもは新しいチャレンジを怖れなくなります。いままで一回もやったことのない問題だったり、解決できそうもない日常生活の煩《わずら》わしさだったり、うまく行かない物事だったり……そういうことすべてをひっくるめて怖れなくなるんですね」。

娘はそのうちクラスで算数が不得意の生徒の勉強を見てやるようになり、いままでは率先してクラスを引っ張るリーダー役になった。彼女はそう言って、小さい肩をすくめたが、顔は母親の誇りに輝いていた。

「公文学習では〈完成時間〉を書かせますね。目安の時間内に解きましょう……ということも大切なのですが、自分で学習時間を測るというのも大切な目的の一つなのです。また、測った時間が、復習の判断をするときの目安にもなります。同時に、自己評価をしっかり手抜きせず、ごまかさずにしなさいという意味でも大切なのです」「自己評価が適切にできないと、先へ行って困ることになります。難しすぎてできなくなるとか、それが原因でイヤになるとか、指導者に、前に戻りましょう、と言われると傷ついてしまったり、できないのを他人のせいにするとか、結局、公文を辞めてしまう。よくあるパターンです」

〈完成時間〉は、より適切に自己評価を行うためのストップウォッチなのである。自己評価を適切に続けていくのは、我慢《がまん》と根気が要る。子どもだけでない。それは親にも要求される。いつまでもそれができない子どもは、親にも我慢と根気が足りないケースが多いという。それだけに、指導者は親とのコミュニケーションを大切にしなければならない、とマランは言った。

第4章

グローバル・ヨーロッパ

—英国・ドイツ—

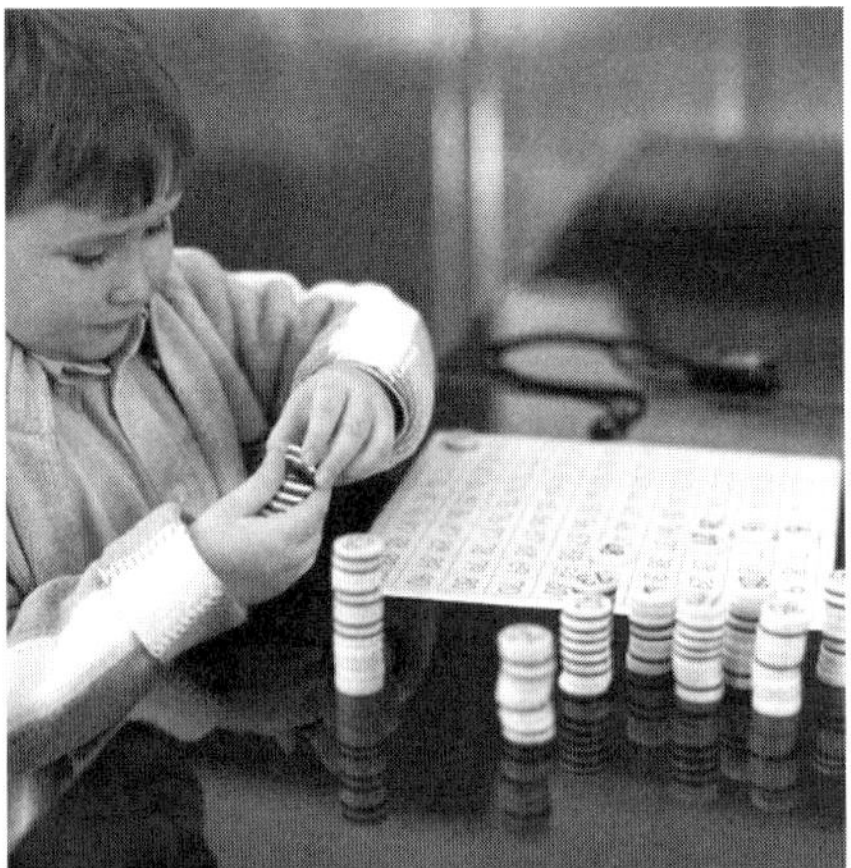

数字盤をする男の子(ドイツ)

◆英　国

英国人に育っていく

クレア・ピーチが公文式学習法を知ったのは入院中の病院のベッドの上だった。偶然、手にした新聞に公文の広告が載っていた。教育には興味があった。講習会だけでも行ってみようかと心が動いた。だが行ってみると募集は本社の社員だった。がっかりするクレアを、講習会会場で「英国公文」の責任者が誘った。「指導者をやってみますか」。クレアはオックスフォード大学で物理学を修めた。数学には自信がある。子どもの能力開発用コンピュータ・プログラムを開発したこともある。いままで私立学校の非常勤講師もしたし、ビジネスコンサルタントとしても働いた。それらが〝指導者〟を務める上で、役立つかどうかは分からないが、面白そうだ。クレアは決心した。

まず算数を最終教材まで全部自分で解いてみた。二回やった。二回目は時間も正確に測った。生徒たちの目安になる「標準完成時間」内の作業感覚を知りたかったからだ。教具も研究した。「数字盤」と呼ばれる数字の配列の感覚を身につけさせる教具は、どうしたら楽しいか。多様なケースを想定してノートに書き出した。「くもんのすいせん図書」の内容も気に入った。公文図書コーナーを作りたいと思った。

「生徒数が一〇〇名になったとき、もう十分だと思いました。それが四〇〇名にまでなりました。そうなるともっとやれそうな自信が出てくるんです」とクレアは言った。クレアは、ロンドン郊外で「テディントン公文センター」を主宰していた(二〇〇五年に公文指導者を引退)。

その日のミーティングが始まった。クレアからの報告ポイントは三つ。

▽採点での留意事項

▽新入会員の名前やレベルを含む詳細な情報確認

▽「ウェイティング・リスト」に載っている生徒の説明

チームは、クレアとクレアの夫とアシスタント四人の計六人である。ミーティングは立ったまま。ものの一五分もかからなかった。

学習時間が始まった。続々と生徒が入ってくる。三つある教室のうち一番大きな教室の入り口に、クレアが立つ。生徒一人一人が入ってくるとき、そして帰るとき、クレアは全員に会ってその日の様子を話し合う。センターに通う日までにしなければならない学習の分量(枚数)とレベル(復習するのか先へ進むのか)をクレアが生徒と相談しながら決める。

クレアのセンターでも家庭採点をすすめていた。宿題は生徒が家庭で学習し終わったとき、親が解答書を見ながら、採点しなければならない。英国の公文センターでは、どこも宿題の家庭採点は定着しているようだ。親が採点し忘れたページがあれば、クレアはその場で簡単にチェックする。問題がすぐ出来れば先へ進めるが、きつければアシスタントの座る机を指さし、宿題のやり直しを勧める。

私は待合室に行ってみた。そこではクレアの夫が母親たちの相談を受けている。クレアが入ってきた。宿題の採点をし忘れた生徒の母親を捜し出すと、待合室の外へ誘った。立ったまま手短に二分ほどで家庭採点の重要性を母親に説明している。静かな声だ。

アシスタントの一人が、入り口で待つ小柄な少女の肩に手を置いている。今日のミーティングで話に出た新入会の生徒である。櫛目《くしめ》が通った黒髪は、制服の白シャツの襟元《えりもと》でクルンとカールしている。私立校の生徒だった。クレアは英語のワークシートを手に取ると、低い声で彼女に言った。少女はクレアの腰ぐらいまでしか背丈がない。「あなたは移民ですから英語では苦労していると思います。ワークシートも難しいですね。でも学習を続ければ自然に理解できるようになります」。小さな肩に顔を埋めて、彼女は黙って聞いている。移民、英語に苦労している、難しい……、その生徒が傷つかないかと心配になるほど、クレアは直截《ちょくさい》である。

聞き終わった少女は、小さな顔をクレアに向け礼を言った。「どうもありがとうございました。先生をガッカリさせるようなことはしません」。彼女は六歳になったばかりだという。英国に移民してきた現実と格闘する日々である。移民や難民が〝英国人に育って行く過程〟を垣間見た思いがした。

「ウェイティング・リスト」

ところで、この日のミーティングで話しに出た「ウェイティング・リスト」についてである。クレアのセンターに入会するには通常六カ月ほど待たなければならない。それでも入会できるとは限らない。それほど人気が高い。リストに登録してもらうというのは、子どもを入会させる前に、保護者にも生徒にも公文式についてよく理解してもらいたいという意図からだ。ここでは、

▽自学自習と反復練習

▽「ちょうどの内容」探し
▽サポーターとしての親と指導者の役割

が中核の部分である。

こういうことをあらかじめ理解し、わきまえた上で入会すれば、学習を始めてからの誤解を防ぐことが出来る。クレアは言った。「核家族が増え、身近に相談する相手がいないため、親たちも子育てに悩んでいます。それだけに、指導者たちは親にとっては格好の相談相手であり、協力者になれるのです」。

親から信頼される相談相手になれるかどうかが、よい指導者になれるかどうかを決める。同時に、できる指導者というのはまず間違いなく信頼される相談相手でもある、というのだ。クレアのようにビジネスコンサルタントの経験や私立校で教鞭《きょうべん》を執った経験は、親たちが相談をするとき、またとない安心材料となっているようである。

一三ポンド二九ペンス

蒸し暑い午後だった。ロンドン市内から西の方角へ車で走った。道路の両側を埋める店の何軒かはサリー専門店らしい。天井から吊《つる》された極彩色のサリーがパラシュートのようにユラユラ揺れている。

サウソール公文センターは寺院の脇のコミュニティー・センターにあった。体育館のような広い場所を教室として借りている。このあたりはインド系住民が多い。地域全体の七割近くがアジア系移民で、なかでもインド系が圧倒的多数を占めている。それも、シーク派の教徒が多い。子どもたちが、続々と集まってきた。

女性指導者クルワント・シンはインド系英国人である。すらりとしている。クルワントの父はシーク派聖職者として地域で活動してきた。人々が困ったときの相談役だった。クルワント自身は、ＩＢＭの経理の専門職として働いていた。クルワントが公文と出会ったきっかけは八年ほど前のある出来事からだった。

見知らぬ男が息子を連れて、突然、クルワントの家を訪ねてきた。彼は困り果てていた。三〇歳になろうかという息子がダウン症の障害によっていつまでも「自立」できないでいた。いろいろ「自立」の試みをやってきたが、どれも長続きしない。そんなとき友人の一人から、クルワント・シンの娘の話を聞いた。学習障害のある少女が算数学習で障害を克服したらしい……という噂だ。自分の娘の話がそんなふうに地域で語られていることを彼女は初めて知ったが、その父親は突然、言いだした。「カネは払う。息子を何とか頼みたい」。クルワントは、わけが分からず、キョトンとしてたのだろう。父親はもう一度言った。「こいつを見てくれ。カネは要るだけ払う」「息子さんをどうしたいのですか」「どうしたいもこうしたいもない。見てくれ、こいつを。このままじゃどうしようもない。何とか頼む」。父親は半ば、息子を諦《あきら》めていた。「来週きてください。息子さんをどうしたいのか、具体的に書いて持ってきて下さい。そうしたら考えます」。クルワントはそう言った。内心、彼らは来週来ないだろうと思いながら……。「偉そうに……外で仕事をしている女は可愛いげがない」。父親は、捨てぜりふを残し、息子をせかして出ていった。

次の週、父親と息子はやってきた。息子をクルワントの方へ押し出して父親は言った。「息子が店に行ったとき、買い物をしておつりを間違えずにもらってこられたら、それで満足だ」。父親は、ただ「何とかして欲しい」ではなく、目標を設定してきた。「分かりました。何とかしましょう」。

公文との出会いは娘たちを通してだった。娘が六歳と四歳になったときクルワントは二人を公文に通わせ始めた。とくに下の娘は学習障害に悩んでいた。せめて数を数えられるぐらいにはしてやりたかった。公文に通い始めて八カ月ほど経った頃、クルワントは耳をすませた。「一、二、三、四、五……」。下の娘の声だった。歌うように一〇まで数えている。それからまた繰り返した。最初の衝撃だった。二人を連れて近所のサウツベリ・マーケットに行ったときもそうだった。ショッピング・カートに投げ込んだ買い物の品を下の娘が数え始めた。「一つ、二つ、三つ、四つ……」。すると上の娘がクルワントに言った。「全部で一三ポンド二九ペンスになるね、ママ」。クルワントはあいまいに相づちを打った。ところが、レジで支払う段になり、店員から「一三ポンド二九ペンス戴きます……」。そう言われたとき、二度目の衝撃が走った。

一体、公文とは何だろう。クルワントは公文をもっと知りたいと思った。英国公文本社に連絡をした。電話を受けた「代表者」という日本人男性は快く彼女のために時間を取ってくれた。「代表者」はそれこそ公文式の秘密の実例をよどみなく話した。それは驚きだった。しかし、そうした成功例を聞けば聞くほどクルワントは落ち着かなかった。これは眉唾《まゆつば》ではないか。話がウマすぎる……。「代表者」はクルワントに彼女が住む地域でセンターを開いてみないかと誘った。〈分かってないな……、地域のことが……〉と彼女は思った。自分の住む地域でセンターを開いても、女性が指導者だというだけで生徒は集まらない。

話はそれっきりで終わった。IBMでプロフェッショナルとして働いていたしそれに見合う満足のいく給料もいただいている。それをなげうってまで教育の仕事をしたいとは思わなかった。それに、娘を公文に通わせることと、自分で公文センターを主宰することは全く別のことだ。しかし、クルワントはあの父親に「何とかしましょう」と答えてしまった。言った以上は、自分も「公文センター」を開いて、指導者としてやって見た方がよいのか……未知に挑戦したいという気持ちが沸き上がってきた。

たしかに英国のインド系社会で女性たちは難しい立場に置かれている。しかし、教育を通じて、それをも克服していけるのではないかと、クルワントは思っていた。「英国のインド系社会では女性は「セカンド・クラス（男性よりも、能力も知力もすべての点で劣っている階級）」という暗黙の了解があります。ですから、センターを始めようと思ったとき、女性指導者が指導するセンターに地域の父親たちが息子をよこすだろうかと心配でした。ところが案ずるより産むが易しで、センターの実績から評判が上がるにつれて男子学生がたくさん来るようになりました」。

あの日、クルワントの家に父親が連れてきた青年は、いまも彼女のセンターで学習を続けている。数も数えられるようになり、数学のレベルも進んでいる。もう、買い物で釣り銭の計算も間違えない。就職も決まった。病院でレントゲン写真に番号をふる仕事である。

一六歳になりたくない

クルワントが語ったある少女のことが胸に刺さっていた。少女が入会してきたのは一四歳のときだ。他の多くの生徒たちのようなＧＣＳＥ（中等教育の修了証書）の準備のためではなく、一一歳の弟を面倒見るという約束で父親が二人の入会を認めた。

彼女は算数ワークシートの学習を始めると短期間でめきめきと力を付け、自分の学年を超えた内容に難なく進んでいった。砂地が水を吸い込むように、彼女は公文式を貪欲に吸収していった。未知の領域に踏み込み、自分で解き方を発見したとき、彼女の笑顔が弾《はじ》けた。算数の学習は少女に自由を感じさせたようだった。それは彼女にとって初めての感覚だったし、経験だったに違いない。算数ワークシートの野原いっぱい、彼女は思う存分息を吸い、息を吐いた。

少女はクルワントを尊敬し、信頼した。他人に話せない相談もするようになった。他人に話せない……、それは結婚問題である。インド系社会では珍しくないという一六歳での結婚。娘が一四歳になったとき父親が結婚を切り出した。一六歳になったら親が決めた相手と結婚するように言った。彼女は嫌だった。英国で学校生活を送っている一四歳の少女にはインド系社会のものとは異なる英国的な価値観が身に付いていた。高等教育も受け、職業に就《つ》きたかった。しかし、父親はそれを理解しない。「算数なんかできても、嫁にいくのに何の足しになる。せいぜい買い物の釣り銭さえ間違えなければ上等で、それ以上の能力は要らない」。父親はそう言ってはばからない。少女は一六歳になりたくなかった。親の決めた相手と結婚するのが怖ろしかった。

ある日、クルワントの携帯電話が鳴ったとき、電話が警察からだと知ってクルワントは怯えた。その朝、少女が自宅で首をつって死んだ……。電話の向こうの警察官はクルワント・シン宛てに遺書が残されているから取りに来て欲しいと伝えた。その前の日まで、少女は公文センターでワークシートに向かっていたのに。自分が辿った道を話しながら、彼女を精いっぱい励《はげ》ましたつもりだったのに。彼女を助けることは出来なかった。無力感がクルワントをおそった。

吹き出す汗をハンカチで押さえながら、私は廊下へ出た。教室の方を、もう一度振り返った。壁際の机で中学生らしい女生徒たちが固まってワークシートに鉛筆を走らせている。彫りの深い端正なマスク。少女たちの額にうっすらと汗がにじんでいる。あのなかに、ついこの間まで〝少女〟もいたのだろう。

国家破綻の犠牲者

英国の児童は、三種類の教育機関で学ぶことが認められている。

「公立校」――ステイト・スクール。

「私立校」――パブリック・スクールとかインディペンダント・スクールと呼ばれる。

そして自宅で親が子どもを教育する「ホーム・スクール」である。

英国に暮らす学齢期の子どもたちは誰でも、宗教や民族やあらゆる制約に左右されることなく等しく義務教育(五―一六歳)を受ける権利を持っている。ここでいう義務教育とはプライマリー・スクール(小学校)と、セカンダリー・スクール(中学校)修了を指している。指導要領にあたる学年ごとの内容の進め方は、三種類の教育機関それぞれに違いがある。私立校とホーム・スクールに関しては公立校の進め方に準拠する必要はない。つまり自由な裁量が認められている。

公立セカンダリー・スクールにも、二通りある。一一歳で入学し一六歳で誰もが受験しなければならないGCSEの取得までを最終目的とする中学校。一六歳でGCSEを取得するまでは同じだが、取得後の一七歳と一八歳の二年間を大学受験(Aレベル)の準備にあてる通称「シックス・フォーム」を持つ中学校。どちらの中学校を選ぶか、選択は本人と親に任されている。

ロンドンの普通の公立学校はいま、どういう状況にあるのか。どんな課題に取り組んでいるのか。その実態の一端に触れたくて、プレストン・パーク小学校を訪れた。プレストン・パーク小学校は全校生徒あわせて六五〇名。白人系英国人はそのうち四〇名。残る六一〇名は、黒人系英国人を含む多様な地域諸国から英国へ来た生徒たちだ。

多様化が始まったのは九〇年代の終わりから。八〇年代は白人と黒人の英国人しかいなかったこの学校に、九〇年代に入るとインド系生徒が大量に入学してきた。九〇年代後半になると、東欧諸国移民（白人）と、ソマリアからの黒人系難民が入ってきた。経験したことのない多様な生徒に、受け入れ側は戸惑った。それまで英語で授業を進めるのは当たり前だったのが、入り口から多様な対応が求められる。いまプレストン・パーク小学校では、全校生徒の半数を超える三四〇名が英語をＥＳＬ（英語を第二外国語として学習）で学んでいる。

小学「二年生」と「六年生」が対象の「ナショナル・テスト（全国一斉学力テスト）」で、英政府が求める基準を満たすには、ここの生徒はかなりの努力を強いられる。移民生徒や難民生徒のなかには、実年齢の八歳とか九齢とは関係なく、これまで学校で授業など受けたことがないまま入学してくる生徒がいる。学習経験がなかったともいえる。また、戦争体験、逃亡生活体験、難民キャンプ体験などさまざまなトラウマを抱える生徒たちも多い。こうした生徒の場合、家庭では母語が話されるのが普通だ。子どもたちは英国社会に順応し、英語で授業を受け勉強する習慣をつけるのに苦労する。

それに、移民や難民家族の英国での生活は不安定である。彼らは頻繁《ひんぱん》に引っ越しや転職を余儀《よぎ》なくされる。子どもたちは転校を繰り返す。移民にはプロフェッショナルも含まれる。医者、弁護士、技術者、ジャーナリスト、職人。欧州統合により、能力を活かせる職場を求めてプロたちは国境を越えて行く。欧州内でのプロの転職は盛んだ。

ジョン・レッドパス校長の指導の下、プレストン・パーク小学校では次のような個人別指導を実施している。各学年とも一クラスの生徒数は三〇余名まで。ブレア政権の教育改革路線に則《のっと》って、一クラス三五名を超えることはない。その三〇余名を成績順に、五、六名の小グループに分ける。それぞれのグループの学習内容を違える。能力別グループ学習は効果を上げている。ナショナル・テストに備えて、チームワークを発揮するところも出てきた。

それでも、授業で与えられた学習内容を時間内でこなせない生徒には、宿題が渡される。家庭へ持ち帰る場合もあるが、多くは学校で放課後に、担当教師の監督のもとで補習で学習させる。基本的に宿題は学校で済ませる方針である。「教師にとっても良いことです。グループ分けすることで、多様な生徒たちの多様な理解過程を知ります。反省材料はいっぱいあります。教師を支援するクラスルーム・ヘルパー制度もあります。予算をつけてもらいました。現在、ここでの教師は二八名ですが、サポート役のヘルパーは二五名います」。ヘルパーは元教師や大学を卒業したばかりの教師志望者などが多い。母親たちのボランティアで構成するヘルパー制度も試した時期がある。しかし、成績向上に直結しなかった。なお試行錯誤の過程にある。

「効果を上げるには家庭との連携が大切です。五年生の場合、すべての生徒の家庭と三者面談を行っています」。三者面談とは父兄(九割以上は母親)と生徒本人、そして校長のレッドパスが一五分間、話し合う。目的は六年生で受験するナショナル・テストへの理解を深めることだ。生徒の実力を三者で正確に把握《はあく》し、努力目標を立て目標達成の戦略を練る。一五分はあっという間にすぎてしまう。

「英国での生活が二〇年を超えていても、英語がまったく分からない母親もいます。パキスタンとかイスラム系諸国からの母親にそうした例が多いようです。そういう場合、五年生の息子や娘が通訳をしたり、家族のうち英語が分かる人が付き添ってきて通訳するんです」。レッドパスは「あくまで英国的民主主義の視点からの話だが」と慎重に前置きしながら、彼女たちの日常と境遇に思いをはせると胸が痛む、と言った。彼女たちの社会との接点はきわめて限られている。それだけに学校はその接点として決定的に重要な機能を果たさなければならないとレッドパスは考えている。

多くの移民と難民は、戦争の犠牲者である。子どもと女性たちはその最たるものだ。多くの子どもたちは学ぶ権利も十分に保証されていない。それでも英国の民主主義をレッドパスは誇りに思っている。「英国の義務教育なのだから、英語もよく分からない子どもを受け入れる必要などない」といった排他的な議論は英国ではほとんど聞かれないからだ。

インクルージョン

ロンドンの公立校は、学校がある地域の影響を大きく受ける。学校区は東西に分かれる。ロンドン北西は高級住宅地、この辺りの公立校は、生徒が裕福で所得が高い家庭の子息だということもあり、生徒も親も教育への期待は高い。ロンドンでも東のはずれにくると、事情は一変する。各家庭の所得は高くなく、移民が多く廉価《れんか》な住宅が軒を並べる。この地域にある公立校では住民が学校に寄せる期待は低い。生徒の向学心も高いとは言えない。

アイルワード・スクール（中学校）は後者に属する。生徒は、一一歳から一八歳まで。一四〇〇名である。英国ではどの公立中学を選ぶかは父兄と生徒の選択に任されているが、アイルワード・スクールの場合、中学一年生にあたる七年生の募集で、二五〇名募集のところ応募は八〇〇名を超えてしまう。「インクルージョン（みんな入っておいで）」という学校の姿勢が共感を呼んでいるのだ。健常者の生徒だけでなく、知的障害、学習障害、身体障害など障害の程度を考慮に入れつつ、障害のある生徒も受け入れ、健常者と一緒のクラスで授業を受けさせる。それに生徒たちの多くは移民の子どもたちである。校内で耳にする言語は五〇カ国語を超える。しかし、学力に限って言えば、アイルワールド・スクールはロンドン公立校の最下位あたりをウロウロしている。「インクルージョン」の思想はいいのだが、生徒に学力をつけ、成績を上げないことには、高等教育を受けられない。社会に出たとき不利になる。それこそ「エクスクルージョン（お呼びでない）」にされてしまう。

ジョン・ケラー校長は三本柱の意識改革案を掲げた。

▽生徒の意識改革
▽教師の意識改革
▽スタッフの意識改革

である。

生徒の意識改革は、ベルから始めた。授業は始業ベルで始まり終業ベルで終わる。五分後に次の始業ベルを鳴らす。ベルを鳴らすことで生徒の教室移動を含めて、時間を厳守させる習慣をつけさせた。それでも遅刻者はいる。いつごろからか少しぐらいの遅刻は大目に見る習慣がこびりついていた。それを一切止めさせた。一週間で二回授業に遅刻すると、生徒は木曜日の午後、ディテンション・ルーム（罰則部屋）で沈黙して机に一時間座っていなければならない。「こんなことさせられるのは馬鹿らしい……、生徒がそう思ってくれればそれで目的は達せられます」とケラーは笑って言う。授業中に教師の制止を振りきって教室を出ていったり、校門から町へぶらりと出かける生徒もいた。ケラーは、ゲートキーパーよろしく監視した。「授業についていけない、分からない。それが理由です。生徒は学びたいものだし、分かれば勉強が好きになる。分からないから面白くない。学校なんか抜け出してやれとなるのです」。

教師の意識改革が問われるのはここのところである。「いままでは教室でパフォーマーとして楽しい授業をするのがよい教師とされてきました。巧みな話術でエンターテイナーのように楽しませる教師が素晴らしい教師と褒《ほ》めそやされてきました」。しかし、それが生徒を駄目にするのだ、とケラーは思っている。「いまもっとも必要なのはファシリテイターになれる教師です」。ファシリテイターは円滑《えんかつ》役とでも訳そうか。教壇の上から教えるのでもあやすのでも楽しませるのでもなく、生徒が自分自身で学ぶ〝自学自習〟へのやる気を引き出すような引き出し役、指導者役、サポーター役のことである。生徒一人一人の学習定着の度合いを把握しその情報を生徒と共有し、生徒の能力にあった課題を提示し、目的に向かわせるゲームプランを生徒と一緒に立てる。自分に対する自信や期待を生徒自身が感じるように導いていく。ケラーは公文式教育法についてもよく研究している。「公文式の考え方と同じです」と言った。

最後は、スタッフの意識改革である。健常者だけでなく障害のある生徒もいる。移民生徒も多い。そうした状況の中では、教師もスタッフも、ときに旧植民地の住民に対する宗主国の官吏のようなメンタリティーになりがちだ。

学校の学力はロンドン公立中の中でも下の方のグループに入る。教師やスタッフの実力も不十分なのである。その現実だってもっと深刻に受け止めなければならない。問題を生徒や生徒の社会背景、家庭環境のせいにする思いこみを捨てなければならない。問題は教師やスタッフにもあるのではないか、とつねに自分を振り返ることだ。そうした当事者意識が欠けてはいないか。「自分が人気投票の対象だと思う気持ちを捨てること。あの人はいい人だと思われたい症候群を脱し、目の前にいる生徒のためにはどうするのがいちばんよいかと真剣に考えてほしい。そのための意識改革です」。

揺らぐ特権優位

私立校にも行かなければならない。英国で公文センターを主宰する指導者のマユミ・ルイスから紹介されたのが私立校、セント・ヘレンズ・スクールだった。幼稚園から高校までで、高校には大学受験を目指すシックス・フォームが併設されている。私立校はどこもクラスの人数が少ない。ここも平均してクラスは二〇名ほど。科目の内容次第では、大学のゼミ並みの少人数クラスも作られる。大学受験に必要な主要科目への個人別指導を徹底する一方で、美術や音楽やスポーツといったゆとり教育の分野でも個人別指導を重視している。

生徒は白人系英国人が多い。留学生も少数だが学んでいる。八〇年代、日本経済がバブルになるほど元気だったころ、セント・ヘレンズ・スクールにも日本から留学希望の問い合わせが多かったという。だが、いま留学生と言えば〝中国系中国人(中国大陸出身)〟と相場が決まっていると聞いた。

校内は静かである。女子校というせいもあるかもしれない。どの教室も教師は少人数の生徒を監督していた。教えるというより自学自習させて監督している……との印象が強い。どの学生も読書をしていた。立派な図書館施設もある。読書を奨励している姿勢が伝わってくる。設備が素晴らしい。コンピュータの台数でも、十分すぎる台数が用意されているように見えた。

校長のメアリー・モリスは知的な印象を与える。英国の私立校には、上流階級の子弟が通う独特の雰囲気がある。しかし、モリスは、いま英国の私立学校は、上流階級や高額所得者を親に持っている子どもより、両親が共にキャリア(フルタイムの仕事)を持って、共働きの家庭の子どもの方が多いという。セント・ヘレンズの場合も、両親が共に高学歴でキャリアを持つケースが半数を超える。親たちは教育熱心で、娘には最高の教育環境を与えてやりたいと願っている。最高の教育環境とは、少人数制のクラスや教師陣の質、授業内容の豊かさ、課外活動の充実度、社会貢献への機会や名門大学への入学率などである。私立校にやるには財政的に相当の負担である。授業料だけで年間八〇〇〇ポンド(一五〇万円ほど)余りかかる。寮生活をすれば年間一万五〇〇〇ポンド(三一五万円ほど)は用意しなければならない。

一一歳の生徒の言語授業を例にとってみる。彼女たちは外国語を三カ国語とラテン語を学ぶ機会を与えられる。海外の私立校との交換プログラムもある。多様な外国語を学び、実際にそれらの国々や地域を訪れ実体験を積むことから、英語世界以外の世界にも好奇心と関心を持つように育てようとしている。「学校と親は力を合わせなければなりませんが、学校と親の仕事はそれぞれ別々だ、ということもわきまえておかないといけません。若い親御さんには子育ての楽しさと、そう、それから難しさも、存分に味わっていただかないと」。モリスはちょっといたずらっぽく言ったが、そこには教育にとって重要な視点が込められているのではないか。

親が子どもを教育するときに感じる楽しさや難しさを奪わってしまわない配慮、そして、親の権限を損なわせないよう必要以上に踏み込まない心配り……教育はまずは家庭から始まるのであり、学校はそれを十分に尊重しつつ、子どもに社会で「生きていく力」をつけさせることに徹するべきだ、との思想なのだろう。

「これも、危険な綱渡りといっていいでしょう。例えば、小学校の低学年の授業で学期始めに「今学期はエジプトについて学習します」と親たちに話したとしましょう。エジプトのどんなことを一学期かけて学習するかという詳細な情報を提供してから、こう一言付け加えます。「もし、お嬢さんの学習にご協力いただけるなら、時間のあいた土曜日を一日利用して、お嬢さんを大英博物館へ連れていってくださいませんか。お嬢さんが一度でも大英博物館でエジプトについての見学をなさっていれば、我々教師はお嬢さんの興味や知識をもっともっと広げるお手伝いが出来ると思います」と言うわけです」。こう言われると、大抵の親は、娘が学校でよりよく学べるように協力しようという気になる。時間を何とかやりくりしてでも、大英博物館へ一緒に出かけようとするだろう。

もっとも、協力したい気持ちはやまやまだが、どうしても時間を作れない親もいる。そのとき、大英博物館へ連れて行ってもらえなかった生徒たちに授業で疎外感を感じさせないよう、傷つけないような工夫と配慮が教師や学校には求められる。「危険な綱渡り」とモリスが言うのはこの点である。「忙しい親もいるから生徒全員が大英博物館には行けないでしょう。それなら、生徒に平等を期するため、学校が大英博物館見学を授業として組み込むべきかどうか。うちの学校ではそういうことはしません。それは親の権限へ踏み込むことになります。親が子どもを育てる楽しみ、難しさを味わう機会を奪うことにもなります。よき協力者である親を学校が尊敬しないことになる。不平等は世の中の常です。それぞれの家庭が与えられた不平等を乗り越え、乗り越え、最善を尽くす。教師や学校がそこへ割って入る権利はありません」。

教育費を捻出するため、セント・ヘレンズの親でも二つ、三つの仕事を掛け持ちする例もある。努力をしてきた親だけに、一貫教育で高校も終わりに近づき大学受験が迫ってくるとつい本音を洩《も》らす。「これまでずっと授業料から何からあの子にはつぎ込んできました。よく続いたと思います。これだけ払ったんですもの、オックスフォード大学に当然受かりますよね」。そんなとき、受験担当教師は笑って答えることにしている。「おっしゃるとおりです。けれども、私が生命保険に掛け金をたくさん払って、どれほど健康に注意しても、私は死を避けることはできませんよね」。キョトンとする相手もいるようだが、言いたいことはこういうことだ。カネを払っても手に入らないものはある。最近の傾向として名門私立校からオックスフォード大学やケンブリッジ大学に入学した英国の優秀学生たちが、大学に四年間在籍する間、公立校出身の優秀児に成績で追い越されるようになっている、という。

◆ドイツ

ポーランド移民の公文指導者

ルーエネン公文センターの指導者、バーバラ・ジェジェンガは教会脇の公民館（コミュニティ・センター)を借りて、教室を開いていた。デュッセルドルフからアウトバーンをひた走りにして一時間足らずのところだ。レースのテーブルクロスをかけたテーブルに、コーヒーと紅茶とクッキーを用意して、バーバラは待ってくれていた。

センターには五〇名を超える生徒が在籍している。生徒の大半は基礎学校に通っている小学生、それに基幹学校や実科学校に通う中学生、それも低学年の生徒が多い。バーバラは、算数の話をした。算数ほど得意、不得意がはっきりしている科目も珍しい。本人も親も得意だ、不得意だと決めつけ、思いこんでいる。「ここの生徒のほとんどが、自分が学校で習っている算数の内容、つまり自分の学年で習う内容が分からない、算数は苦手だと思って入会してきます。でも、実際はそうではないのです。苦手どころか本当は算数が得意な子たちなのです」。

彼女自身、学生時代、数学は苦手だった。長いことそう思ってきた。しかし、公文のワークシートを生徒に渡し、一緒に算数を解き、一緒に進み、一緒に採点するうちに、得意も苦手も実は、教え方次第ではないか、と思うようになった。「算数が苦手なのは、教師がその子に分かるような指導をしてこなかったからではないか、と思うようになったのです。数学が苦手だった私でさえ、公文の算数・数学のワークシートをやり始めたら、あら実は数学は苦手じゃないわ、と気付いたんです。そうなると楽しくなる。生徒も同じでした」。

彼女はポーランド人である。共産主義時代のポーランドの教育を受けた。一九八九年、冷戦が終わった。夫は音楽教師をしていたが、ひょんなことから知り合いに、ドイツで音楽教師をやらないかと誘われた。二人で相談した結果、思い切ってドイツで第二の人生に挑戦することにした。

初めは戸《と》惑《まど》うことばかりだった。ドイツ語はできない。生活習慣も違う。思想信条も、社会における男女の役割も、生活のこまごましたこともポーランドとドイツではことごとに異なる。家の窓ガラスがちょっと汚れていても、それとなく近所の視線がそこに注がれる。ポーランドならそういうとき、お隣は「どこそこが汚れてますよ」とおせっかいなほど言ってくれるだろうに……。それでもだんだんと慣れ、友だちもできた。彼らが温かく受け入れ、激励してくれたおかげで公文センターの指導者の仕事を得ることもできた。ドイツの人々には感謝している。

しかし、ドイツの教育にはいささか疑問を抱いている。進んでいると思っていたドイツの教育が、実はそれほどでもないと分かった。自分が共産主義時代のポーランドで受けた教育の方が語学を例外として、数学も科学も、ドイツより進んでいた。

それから、ドイツでは生徒がある科目を「できる」のか「できない」のかを、あまりに早い段階で決めてしまう。子どもは「あの子は数学ができない」というレッテルをいったん貼《は》られると、本当にできなくなってしまうものなのだ。「どうせ彼(彼女)はこの程度しかできないから、無理だろう」と「期待されない」ことほど、子どもをいじけさせることはない。期待されなければ頑張らない。学ぶことへの意欲もわかない。子どもは期待によって育つものなのだ。

それから、教師たちが競争しない。経済の変動がどうなろうが、グローバリゼーションがどうあろうと、教師たちは労働組合に守られ、職を失うことがないため、競争をしない。それは教師だけではない。どの職場にもあてはまる。ドイツは豊かになりすぎたせいか、現状に満足しきっている。「ドイツの学校教師には、ひょっとして自分は仕事を明日失うかもしれないという恐怖感を持っている人は恐らく一人もいないでしょう。仕事は保障され、将来も予測がつきます。だから能力を磨いてもっといい仕事に就こうとか、就きたいと思う必要がないのです。それが教師の向上心や競争力を殺《そ》ぐ結果となっています」。

バーバラの夢はいつかポーランドに帰って、公文センターを開くことである。

入り口のそばで、母親たちが子どもを待っていた。テーブルには雑誌やお菓子や飲み物が置いてある。六人ほどの母親たちが読書したり、小さな声でお喋りをしていた。教室の中で、男性アシスタントの机の上に「ガミ・ベア」(カラフルなテディ・ベア型のゼリー菓子)が入ったガラスの容れ物が置いてある。学習が終わった女生徒が、赤いガミ・ベアをひとつ、口に放り込んだ。

宿題を渡すとバーバラがその女生徒を教室の外へ送ってきた。すると待っていた女生徒の母親がバーバラの方へ歩み寄った。母親はひとしきり子どもの進度状況を相談している。左手にくだものを容れるような大きめの籠《かご》をかけている。母親は私の方へ向き直ると腕をつかんだ。籠にかけてあるピンクのギンガムチェックの覆《おお》いを取るなり、娘が学習し終わった数学のワークシートを綴じた束を取り出した。

「見て下さい、こんなに出来るようになって。自分に自信がついたのか、家での態度まで変わったんです。お手伝いしたり、やさしくなりました。数学ができるようになると性格が変わるって、たしかにこれまで聞いたことはあります。まさか、と信じませんでした。でも、本当なんです。ジジェンガ先生のおかげです。先生は最高です」。彼女は、やや興奮気味に、早口にまくし立てた。

ドイツ国内に住む学齢期に達する子どもは、ドイツ人、外国人、移民、難民の別なくだれでも教育を受ける権利を与えられる。初等教育が始まる六歳に達すると、子どもたちは、地域の基礎学校（州によって四年から六年と異なる）に通い始める。

就学前教育の幼稚園や保育園については選択は親に任される。

義務教育は一二年間。最初の九年間（州によっては一〇年間）、は全日制（授業は昼までがまだ圧倒的に多い）である。

小学校に当たる基礎学校（グルントシューレ）を終え中等教育へ進むとき、ドイツ独特の「分岐型」学校制度が姿を現す。

大きく分けて次の四つの選択肢がある。

▽基幹学校（ハウプトシューレ）

▽実科学校（レアルシューレ）

▽ギムナジウム

▽総合制学校（ゲザムトシューレ）

基幹学校とは通常五年制（五学年から九学年）で、卒業後に就職して見習い訓練を受ける生徒が選択する。九学年（一五歳）を修了したとき、最初の普通教育学校修了証（基幹学校修了証）が渡される。

実科学校はたいてい六年制（五学年から一〇学年）で、卒業後に全日制の職業学校へ進む生徒が選択する。生徒は一〇学年（一六歳）を修了すると中級学校修了証（実科学校修了証）を授与される。

ギムナジウムは、主に大学進学希望者が就学する学校である。さまざまな種別（ギムナジウム、職業ギムナジウム、専門ギムナジウムなど）がある。ギムナジウムを卒業すれば、生徒には一般大学入学資格、専門分野大学への入学資格がそれぞれ与えられる。通常、九年制（五学年から一三学年まで）である。ただ、州によっては最初に、オリエンテーション段階という二年間の準備期間を設け、ギムナジウム自体を七年制とするところもある。ギムナジウムに入学するのは、一回の入学試験で決まるのではない。人気の高い名門ギムナジウムでは、くじ引きで選抜を決めるところもある。入ることより、入ってから何をどれだけ学ぶかに重きが置かれている。

中等教育でも留年（落第）制度がある。オリエンテーション期間（二年間）の導入にしても、本人や親の希望でギムナジウムに入ったものの、学力が上がらず、授業についていけない生徒に実科学校や基幹学校に転校させるための猶予《ゆうよ》期間を与えるための制度である。

総合制学校は、ドイツの伝統的な三分岐型（基幹学校、実科学校、ギムナジウム）が余りにも早く、かつ硬直的に子どもの進路を決めてしまうとの批判から、一九六〇年代末に実験的に導入された学校である。六年制（五学年から一〇学年）と、ギムナジウム上級段階に準ずるコースを含む九年制（五学年から一三学年）のふたつがある。

ドイツは基礎学校から大学まで公立学校の場合、学費は無料である。大学の入学資格は取得すれば生涯、有効である。

Kann Ich Ihnen helfen?（お手伝いしましょうか？）

シュタット・マタレ・ギムナジウムには一一時過ぎに着いた。中学一年生の数学の授業を参観することになっている。教室には、三〇名くらいの男女生徒が座っていた。教師がプリントを一人一人に配り始めた。今日は、前回行われた試験の答案を生徒たちに返す日らしい。一人ずつ、一言ずつコメントを添えて、教師は答案を返して行った。

点数がよかったのだろうか、前列に座っていた日本人らしい女生徒が自分の答案を隣のクラスメートに見せて微笑んだ。思ったより出来が悪かったのか、すぐ目の前に座った少年はがっかりしたようすで答案を眺めると、そのまま机に突っ伏した。

教師が「これから、答え合わせをします」と言った。いくつか手が挙がった。まっさきに挙げたのは、前列の日本人女生徒だった。教師からチョークを受け取ると、彼女は黒板にスラスラ計算式を書いて行く。生徒たちのなかから「そうかぁ」と言った調子の声もあがり、自分の答案用紙に計算式を写す生徒もいる。そうやって次々と生徒たちは黒板の前に行き、計算式を書いていった。

半分ほど行ったところで、教師は、一度も手を挙げない少年の名を呼んだ。さっき、私の目の前で突っ伏した少年だった。教師は彼に何か尋《たず》ねている。少年は下を向いたまま答えない。教師は、教壇を降り、少年の席のところまで来ると、少年の頭越しに答案をのぞき込んで、小さな声で何かささやいた。前の方では、女生徒がしくしく泣いている。周りの生徒たちは心配そうな表情を浮かべている。それに気づくと教師は教壇へ戻り、生徒全員に、いった。「じゃ、ここからは助け合いの時間にしましょう。解答が分からない友だちを見つけたら英語で言うところのMay I help you?(お手伝いしましょうか)と、声をかけてください」。それまで整然と座っていた生徒たちが、席を立ち、いくつかグループができた。「Kann Ich Ihnen helfen?」お手伝いしましょうかのドイツ語が聞こえてきた。「May I help you?」

型どおりの英語で言う生徒もいる。「お手伝いしましょうか?」が男女混声コーラスのように教室内に響《ひび》きあう。さっきの少年は、まだ涙をハンカチで拭っている。いつのまにか三人の少年が彼のまわりに集まってきた。「お手伝いしましょうか?」。少年たちはそれぞれ両手を後ろに組みちょっと体を前かがみに傾けながら尋ねる。涙目の少年はうなずくばかり。なかの一人がくしゃくしゃに丸められた答案用紙を取り上げると、丁寧にしわを伸ばし始めた。別の一人は鉛筆を持って、説明し始める。あとの一人は黙ったまま、軽く少年の肩に自分の左手を置いている。前列ではあの日本人女生徒が、泣きだしたドイツ人女生徒に、歯切れの良い高い声で説明をしていた。どの生徒も血色がいい、その顔を見ながら、そうか、彼らはすべて、ベルリンの壁の崩壊以後生まれた子どもたちなのか、と改めて思った。

シュタット・マタレ・ギムナジウムのヨルグ・ヴィッテルベルブ校長は、「ギムナジウムはエリートの養成と育成を目的としています。能力のある生徒をどうしたらエリートに育てることができるかが私たちの仕事です」と明確である。ドイツでも「エリートは是か否か」の議論はある。しかし、ヴィッテルベルブ校長は、社会にエリート層は必要という前提で、エリートをどう育成するかを学校の教育課題としている。そのために、ここのギムナジウムでは、バイリンガル教育と授業時間の延長を採り入れている。バイリンガル教育は英語で行われるイマージョン教育法(全教科の授業を英語で行う)に基づいて行われる。授業時間の延長は、通常、午前中で終わる授業を午後まで延長し、授業内容を充実させようという試みである。

「私たちは、学業とともに人格形成を重視しています。それも、しっかりとした民主主義的価値観と強い責任感を育てなくてはなりません。何よりも大切なのは品格です。もし自分がどこか少しだけ他の人より優れた面があったとしても、それを鼻にかけ、他を見下すような態度は絶対に取らないようにしなくてはならない。例えばの話ですが、基幹学校や実科学校の生徒の学業レベルを見て、「自分たちの方が上だな」と決めてかかるような生徒は、ここに来てもらわなくて結構です。そんな生徒を教育した覚えはありませんから」。校長は、「エリート教育の基本は、一言でいえば、フンボルトの精神といってもいいでしょう。それが、ギムナジウムの基本精神だと思います」と付け加えた。

カルル・ウィルヘルム・ヴォン・フンボルトは一九世紀初頭のプロイセンの外交官で、ナポレオン戦争後のウィーン会議のプロイセン全権も務めた。同時に、言語学者、人文主義としても著名で、ドイツ人文主義の代表的人物とされる。シラー、ゲーテ、フィヒテらと深く交遊した。内務省文教局長の時、人文ギムナジウムを創設し、ベルリン大学創立に尽力《じんりょく》するなど、古典教育を柱とする全人教育を目指した学制改革に取り組んだ。彼は「言語は個人と社会を結ぶ力であり、国語は国民性の表現であり、心身の力の美的調和こそ人間性である」とし、その人間性の実現を信じた。

自分だけ先進性を帯びるのではなく、他とともに向上していこう、それがまた自分をも高めることになるのだという連帯と責任の精神、それが社会に公共性を形作っていくのだという協同と指導力の訓練、のようなものなのかもしれない。ヴィッテルベルブ校長の説明を受けながら、「お手伝いしましょうか?」と言いながら教室を歩き回っていた、少年少女たちが私の脳裏に蘇《よみがえ》った。

このギムナジウムに落ちこぼれはいないのか。「そういう生徒については、本来は親に家庭で学業を含めてもっと手伝ってもらいたいのですが、それができない家庭もあります。生徒がいつまでも向上しないときは、外部の課外学習機関の助けを借りてもよいとも思います。ただ、同級生や上級生がそうした生徒を励ましサポートする方が役に立つと私は思っています。教える方はより内容への理解を深めますし、教えられるほうも感謝しますし、いつかは教える立場になろうというやる気、負けん気もでてきます。その過程で、チームワークも生まれます」。

ヴィッテルベルブ校長は、「民主主義的価値観と責任」という言い方を含め、「責任」という言葉を何度も使ったが、「責任」とは、個人としての「責任」ということの他にドイツの国民としての「責任」という意味合いを濃厚に帯びていることに私は気づいた。それは戦前のナチスドイツの犯罪とその取り返しのつかない過去の克服という戦後ドイツが格闘してきた重いテーマと深く関わっている。ドイツが世界の中で、特に欧州の中でともに平和に生きていくための、きわめて具体的な「生き方」と「処し方」の課題にほかならない。

それは、決して抽象的なお題目ではない。「ドイツには負わなければならない責任があります。その責任は、もう十分果たしたからもういいだろうといった類のものではありませんし、そうあってはなりません。この学校の生徒もその責任を理解しなくてはなりません。開放的で外から異民族を受け入れる国の姿勢が、ドイツには必要なのです。多様な民族の多様性に触れ、相手を理解し、尊敬し、傷つけない心配りのできる生徒を育てることがギムナジウムの教育です」。

〝PISAショック〟

ドイツを〝PISAショック〟が直撃したのは二〇〇〇年である。この年、OECD(経済協力開発機構)は三二カ国(OECD加盟国28カ国、非加盟国4カ国)の一五歳の生徒を対象に「読解」「数学」「科学」

の三分野について生徒の学力を評価するため新たなプロジェクトを始めた。それがPISAである。その結果、ドイツは「読解」で二一位、「数学」と「科学」でそれぞれ二〇位という不本意な結果に終わった。

先に触れた中等教育における分岐型の学校教育制度と二本立ての職業教育はドイツの戦後の奇跡の経済発展を支えてきたと自負していただけに、その衝撃は計り知れなかった。ドイツの教育制度が、グローバリゼーションにともなう激烈な競争社会と急速な情報技術革新の登場に対応できず、機能不全に陥《おちい》っているのではないか、との懸念が表明されるようになった。

エデルガード・ブルマーン連邦教育研究相は「PISA調査の結果は、ドイツの教育に警告を発するものだ。政治経済的に主要な地位を占め、教育国家として国際的にトップグループに入るドイツが、こんな凡庸な地位にとどまっていることは耐えられない」と述べた。連邦政府は、さっそく教育制度の改革に乗り出し、将来の方向として、次の三点を強調した。

▽子どもの言語能力、読解力をつける教育をできるだけ早い段階(幼稚園、基礎学校の低学年)で、集中的かつ個別能力に応じて行う(勉強の開始時期が遅れれば遅れるほど、それを取り戻すのは困難になる)

▽教育を受けることが困難な人を支援する(公正の観点のみならず、有資格専門労働者に対する産業界の需要を満たすためにも重要)

▽教育制度の中に一貫した生涯教育の原則を組み込む

ドイツは、二〇〇三年に行われたPISAの第二回調査では、「読解力」は前回同様二一位にとどまったが、「数学」「科学」は一九位、一八位と前回よりわずかながら改善が見られた。しかし、問題は依然、深刻である。「読解力」が依然として低水準であることに加え、「数学」「科学」については、良い点を取った生徒と悪い点を取った生徒の格差が前回よりもさらに大きくなった。点数がよくなったのは、もっぱらギムナジウムに在籍している生徒の成績に限られ、基幹学校の高学年や実科学校に所属している生徒の成績はむしろ悪くなっている。これらの生徒の二二パーセントは、基幹学校を卒業する成績に達しない、あるいは実科学校の場合は、その先の職業に就くのが難しいことを示唆《しさ》している。これらの層は「危険グループ」と呼びならわされている。ドイツでは教育の二極分化が進行しているのかも知れない。

政府は二〇〇二年、教育改革のためのアクション・プログラムを導入した。その目玉として、二〇〇三年五月、これまで半日制だった基幹学校を全日制の学校にする方針を打ち出した。ギムナジウムでもその方向に傾いている。現場の取り組みは先に見た通りである。

教育改革論議はその後も盛んである。しかし、ドイツの場合、おそらく日本もだろうが、教育改革と教育の現場だけでは解決できないもっと構造的な挑戦を社会が受けているのではないだろうか。少子高齢化とそれに伴って表れている競争忌避《きひ》の風潮、社会全体の活力の衰えと守旧意識、グローバリゼーションに洗われて激変する雇用形態、例えば年功序列の崩壊とフリーターの増大、インターネットが促す国民的な合意、共通項、共通意識といったうねりの中で、社会そのものが大きく変容している。教育改革によって対応できる範囲と分野をはるかに越えているようにも思える。

たしかに、教育は人づくりと国づくりの礎には違いない。しかし、ドイツは——そしておそらく日本も——何もかも、あれもこれもと、理念も課題もすべて、教育、なかでも公教育に押しつけているような気がする。しかも、ドイツの場合、理念と責任を教育に貫徹させる国策が確立している。民主主義的価値観の醸成、ナチスドイツの歴史の克服、新生ドイツへの出直しの責任、多民族国家としての忍耐と寛容、旧東西ドイツの和解と協調、グローバリゼーションへの対応、エリートの育成、May I help you? それに子どもたちの「遊ぶ権利」を守ること……。

それぞれ、気高い理念と重要な政策課題であることは、十二分に分かっても、これでは教育はあまりにも過大な課題と期待を担わされ、ほとんど圧しつぶされそうになっているように思えた。

第5章

開かれたイスラム社会へ

—インドネシア・マレーシア—

教室風景(インドネシア)

◆インドネシア

中国系インドネシア人

ジャカルタでは、二カ所の公文センターを見学した。どちらも、親たちが熱心だった。毎週、教室指導者と面談をする親がほとんどである。指導者と親の会話は、子どもの学習の見通し（どこまで進みそうか、進めたいか）と現状の正確な把握（どこまで進んだか、どこに問題があるか）である。いま通っている小学校の成績を一点でもよくするのが目的ではない。親も生徒も指導者もその先の高等教育に照準を合わせている。どこの大学へ行かせるか、どこの国で仕事を見つけるか、そのためにはいま、今日、何をしなければならないか。小学三年生、四年生の時から、それを見据《みす》えて行く。

インドネシアの小学生もマレーシアやシンガポールの小学生に負けず劣《おと》らず忙しい。学校、宗教学校、稽古事、公文とせわしく動き回る。それらをこなしながら、名門大学に行くには、私立校と公文の両輪で漕ぎ出させるのが一番である、と彼らは思っている。

親たちのイメージはどういったものなのか。生徒を公文センターへ連れてきた母親に聞くと、「アメリカの大学へやりたいんです」と、それだけ、英語で言った。もう一人の母親は、「オーストラリアかニュージーランドの大学へ入れたいんです」。彼女もそれだけ、英語で言った。二人とも中国系インドネシア人である。彼女たちが運転してきた車はベンツだった。

両センターを主宰する教室指導者も二人とも中国系インドネシア人だった。一人は、公文センターを開設する前に銀行でマネジャーとして働いていた女性。もう一人は、大学院で数学を専攻した数学者の卵だった。アシスタントたちは大学生か大学卒で、専攻が理科系の女性が多い。彼女たちもまた中国系がほとんどだった。実にテキパキと仕事をこなしていた。一〇枚が一セットになっている各教材は、二〇ページのすべてのページが百点になって初めて、生徒は自分が持っている進度表に完成を示すシールを貼り付けることができる。シールにはさまざまな形がある。星あり、動物あり、それが楽しい。真剣な表情でシールを選ぶのも万国共通だ。

「インドネシア公文」がインドネシアに最初のセンターを開いたのは一九九一年五月である。それが二〇〇五年には、ジャカルタ、スラバヤ、バンドン、メダンの四地域に二一五センターを擁《よう》するまでになった。三万九〇〇〇名が学習している。先の二つのセンターもそうだったが、公文センターを主宰する指導者には、中国系インドネシア人が多い。学習者も、多様な民族構成ではあるが、中国系インドネシア人の子どもたちが中心だ。唯一、例外は、現地採用の公文社員である。ここではマレー系プリブミと呼ばれる現地のインドネシア人が九割を占め、中国系インドネシア人は一割でしかない。

日本の公文教育研究会は公文公の生誕百年事業である「二〇一四年ビジョン」を掲げている。インドネシアも独自に二〇一四年ビジョンを作っている。そこでは、学習者の数を現在の三万九〇〇〇名から一〇万人、一五万人にまで増やすのが目標である。インドネシア公文社長、中村典弘《なかむらのりひろ》(四五歳)は、公文教育研究会に勤めて二〇余年、脂がのりきっている。インドネシア公文のこれからの課題は「いかに組織を現地化できるかに尽きます」と言った。「日本から派遣された私たち派遣員のいちばんの使命は、現地アソシエイツの人材育成に尽きると思います。出来るだけ早くマネージャークラスの社員を育て上げ、彼らに自分たちでインドネシアをどういう国にしたいのかを考えてもらう。それを達成するのに、公文は何ができるかを考えてもらう。それを実現させる方法を工夫してほしいのです。でないと現実にあるギャップはなかなか埋められない気がします」。

日本から派遣されてくる公文教育研究会の公文社員（アソシエイツ）が、社歴の浅い現地アソシエイツたちにどれだけ敬意を持たれ、信頼されるか。そして共同の目的意識と情報をどこまで共有できるか。現地アソシエイツに仕事を任せられる体制をつくれるか、それが中村のいう現地化である。中村は、確かな手応えを感じているようだ。「いい感じで来ています。教室が増え、生徒数が増え、公文式ってこういう学習法だったのかという確信が日々社員の心の中で育っています。彼らの口を通して〝伝えたい〟と言う使命感に燃えています」。

インドネシア公文は直営教室を運営している。事務所の一階に公文のアソシエイツを指導者とする教室がある。ここで生徒に公文の学習指導をしている。創設者の公文公は、社員自らが公文の指導者の経験を持たなければ指導者への本当の意味でのサポートは難しいだろうといい、社員を指導者とする直営教室の展開に積極的だった。中村も同じ考えだ。「直営教室で指導者役をする現地アソシエイツが、公文式学習法とはこういうものなのかとやっと分かってきた段階かも知れません。彼らからいろいろな意見が出てきます。教えることを経験することで、指導者の先生方には十分な情報を提供してよい指導をしていただかなければ、とか、教室数をもっと増やして、もっとたくさんの子どもたちに公文式で学習する機会を与えたい、とか意識が高まってきています」。

プリブミ生徒の学習機会

その際、マレー系プリブミ層の子どもたちへ公文学習の機会をもっと広げたいと考えている。しかし、それにはいくつものハードルがある。月会費もそのひとつである。公文の月会費（三〇万インドネシア・ルピア、日本円で三六〇〇円ほど）はとりわけ高いというわけではないが、インドネシア国民の年間平均所得は二〇〇〇米ドル、シンガポールの年間平均所得の二万七〇〇〇米ドルの一〇分の一以下である。一般庶民は、子どもを公文に通わせたいと思っても、まだまだ手は届かない。貧困層に至るまでのあらゆる所得階層の子どもたちに、どうやって公文式学習を試してもらい、自学自習のよさを実感してもらえるか。

この点では、指導者たちの間にも多様な意見がある。一方では、「インドネシアの子どもたちのために是非やってください。貧富の差を少しでも縮小するには教育が決定的に重要で、そのため公文は貧困層に積極的に手を差し伸べるべきだ」と主張する。もう一方は、「最近はプリブミの生徒が増え、生徒の構成も中国系とプリブミが七対三まで縮小してきた。プリブミの経済力が上がってきたからだ。そうした自然の流れを反映させるほうがいい。もし、プリブミだけ月会費を下げるとなると、他の生徒の親が拒否感を示すかもしれない」と疑問を投げかける。

これと関連して新しい展開が生まれつつある。二〇〇五年秋から、インドネシア公文はインドネシア政府（教育省）と共同プロジェクトを始めることが決まった。「恵まれない子どもたちに公文式学習を提供するプロジェクト」である。インドネシア政府は、貧しさから学校へも通えない児童や、親に働かされ行きたくても学校へ行かせてもらえない児童にも教育を受けられる場を提供しようと、全国に地域コミュニティ・センターを展開、無料で授業をしている。

ジャカルタ市内にも三〇の地域コミュニティ・センターがある。そのうち市内二カ所で、インドネシア公文は週二回、指導者(現地アソシエイツ)を派遣し、授業を支援している。公文教材は無償でインドネシア公文が提供する。アソシエイツにとっても指導者の立場を経験するまたとない機会となる。インドネシアの公文指導者の中からも手伝いたいと手を挙げる人が出てきた。「授業は週に二回ですから、子どもたちは週に三時間ほどしか勉強できないのです。それでも、わずかな時間であっても子どもたちは学ぶのがうれしくてたまらない、と教育省の人から聞きました。関門は親の無理解をどう克服するかですね。勉強なんかいいからゴミ拾いに行けとか、働かせようとする親もいるようです。それでも子どもは親に隠れてでも勉強に来るそうです……」。

親の教育も同時に行わなければならない。その一環として、「心で子どもを育てるヒント」というセミナーも開催した。地元出版社のペアレンツ・ガイド社との協賛である。講師に教育評論家でユネスコのインドネシア首席代表のアリフ・ラクマン教授を招いた。「こうした地道な活動を続けて行けば、いつかきっとインドネシア公文の自学自習の思想もこの国での活動ももっとよく理解してもらえるのではないかと思っています」と中村は言った。

日系企業で働く

ジャカルタ取材中、私は現地採用の公文アソシエイツのインドラ・リズキに通訳をしてもらった。インドラの父親は「丸紅インドネシア」で二七年間を運転手として働いた。父親は事あるごとにインドラに言った。「日系企業で必ず働きなさい。父さんは教育も受けられなかったが、丸紅のおかげでお前を国立大学にやることができた、それだけの収入はもらえた。家族全員が病気をしたって安心な健康保険ももらえた。安心感は人間を平和にする」。

子どものころインドラは、丸紅インドネシアが催《もよお》す運動会や社員旅行が大好きだった。毎年一回、春か秋に行われる。運動会の年もあれば、社員旅行の年もある。旅行なら交通費から宿泊費から、食事からお土産まですべて会社が負担してくれる。そういうときに出されるインドネシア料理はおいしかった。日本から派遣されている日本人派遣員は社員旅行などにはあまり参加しなかったが、会社は派遣員も現地社員も運転手もその家族も、分け隔てなく招待してくれた。インドラの父親はそれがとてもうれしかった。

インドラは車の中でそういう話をしていたが、突然、交差点のところで車の窓を開けると、交通整理をしている青年に声をかけた。Tシャツに半ズボンの青年はインドラを見てなにやら二言三言話して、また交通整理に戻った。私たちの車は左折した。「小学校のときの友だちなんです。仕事がないので、あぁやってボランティアで交通整理してます。カネ？　きっと近所の人が助けてくれているのだと思います。小学校ではボクよりずっと勉強が出来たのに……」。インドラの表情が一瞬、くもった。その後、インドラは言った。「父親の言いつけを守って、ボクは日系企業の公文に入りました。運がよかったと思います」。

ボゴール国立小学校

ジャカルタ市内のポンドック・ラブ一一国立小学校。イスラム教のスカーフを被った女教師が男性教師と一緒に座り、ボゴール特産という小さな豆、ピスタチオ・ナッツに似たものを「どうぞ」と何度も私に勧《すす》めてくれる。

「この小学校では四つの言語を小学一年生から教えます。伝統的なスンダ語、標準語のインドネシア語(ブハサ語)、英語、そしてアラビア語です。小学校の生徒も私たちのイスラム教徒なのでアラビア語は知らないと困ります」。彼女は、英語でそう話した。教師たちのほとんどが独学で英語を覚えたという。「教師になるには、ドラマなどの英語のテレビ番組やいまの中学校の教科書や、それから独り言で勉強しました」とそのうちの一人が言った。独り言？「ブツブツ言うんです。お腹がすいた、何か食べたい……みたいなことを。英語を話す相手がいないので、一人で言って一人で聞いて、ときどきテレビでそれを確認したり、工夫して周りにあるものなら何でも利用します」「それから、インターネットのチャットで英語を覚えます。ちょっと変な表現もありますが、気にしない」。

しかし、自分の水準やここで教えているやり方が本当にこれでいいのか、自信が持てないと打ち明けた。世間の評判で優秀な小学校と言われても、レベルが高いのかそうでないのか判断できない。この学校の強みは別にない。ただ、小学一年生から英語を教えることで、将来は何か強みが出来るかも知れない……。いささか要領を得ない会話が続いた。通訳をしてくれたインドラが、急にそれまでの英語から日本語に切り替えて私に囁いた。「インドネシアでは、自分のよいところとか強みとか聞かれたら、いやいやそんなのありませんよ……って答えます。それ文化。本当は違うの。あるけど、言いません」「自分のよいところを自分で言ったりすることに抵抗があるのです。恥ずかしいのでしょう。ただ、それがアジア的文化なのではないですか」。

教師たちと一緒に教室に行った。どの教室に行っても、生徒に英語で話しかけてほしいと頼まれた。最初は、一年生と三年生のクラスである。生徒たちはちょっと恥ずかしそうな表情を浮かべている。「算数、好き?」そう聞くと、一年生の少女は、「大変好きです。英語も好きです」と流暢《りゅうちょう》な英語で答えた。それを教師たちは嬉しそうに見ている。

自爆テロ

インドネシア公文の本社事務所は、ジャカルタ市内のクニンガンという商業地区に立つ、モダンな高層建築の一階と二階にある。二〇〇四年九月九日午前一〇時半、すぐ近くのオーストラリア大使館前で自爆テロが起きた。九人(全員インドネシア人)が死亡、一六〇余名が負傷した。その負傷者のなかには、公文インドネシア・アソシエイツのうちの四名やテロが起きたときちょうど事務所を訪れていた指導者二名の、六名も含まれていた。

インドネシア警察は自爆テロはアルカイダとつながりのあるテロリスト・グループ、「ジェマアー・イスラミア(JI)」の犯行で、目的は米主導のイラク戦争を支援していたオーストラリアへの報復と断定した。二〇〇二年のバリのナイトクラブ・テロも彼らの仕業である。ジェマアー・イスラミアは、サウジアラビアの過激なイスラム主義の影響を受けており、資金源もサウジアラビアの宗教慈善団体と見られている。

インドネシアは世界で最もイスラム人口の多い国家である(二〇〇四年で一億七七〇〇万人)。ジェマアー・イスラミアの黒幕と目されてきたのはアブ・バカール・バシル(当時六四歳)だが、バシルはインドネシア中部ジャワ州ソロにある「プサントレン(イスラム寄宿学校)」の創設者で経営者だった。在シンガポール米大使館爆破計画の中心人物として逮捕されたジェマアー・イスラミア所属のインドネシア人、ファトル・ロフマン・アルゴジ(当時三〇歳)も、この学校の卒業生(一九八九年卒)である。

ここでは、四、五歳の幼稚園児から二二歳の専門学校生までの男女二〇〇〇人が学ぶ。全員、ポンドク(寄宿舎)と呼ばれる寮に寄宿する。テレビもラジオもない。一日八時間ある授業の大半がアラビア語、コーラン解釈などイスラム関連の科目である。一日五回の祈りは皆で行い、イスラム国家樹立のみが、祖国を救済すると徹底的に教える。プサントレンは伝統的な宗教系私学である。同じイスラム教系私学であるマドラサが日中の通いの学校であるのに対して、プサントレンは寄宿学校である。プサントレンは、近代的な学校制度が生まれる前から伝統的なイスラム教育の場として、重要な役割を担ってきた。現在は国内に一万校以上あり、約三〇〇万人の生徒が通っている。

これらの宗教系私学のうち、サウジアラビアの原理主義的団体と関係を持っているのは約二五〇校程度と見られている。ただ、パキスタンの多くのマドラサと違い、ここではオサマ・ビンラディンの対米"聖戦"などの教えを否定している。また、ジェマア・イスラミア系のプサントレンは一八校を数えるのみであり、その影響力は限られている。にもかかわらず、多くのプサントレンがなお旧態依然としたイスラム教育を行っていることは否定できない。

イスラムの過激化をもたらしたのは、イラン革命とアフガン戦争である。とりわけ、ソ連のアフガニスタン侵略に対してイスラム勢力が抵抗戦争を繰り広げたアフガン戦争が分水嶺となった。イスラム教の私学では小学校四年生に次のような数学の問題が出された。「カラシニコフ（機関銃）の弾丸のスピードは一秒八〇〇メートルです。もし、ロシア兵がイスラム戦士から三二〇〇メートルの距離のところにいたとして、イスラム戦士がそのロシア兵の頭に狙いを付けて引き金を引いたとしたら、何秒でロシア兵の頭を射抜くことができますか」。

マドラサにしてもプサントレンにしても、そのイスラム教育のせいでそれがテロリストの道場になっているということではない。そうしたケースはごく例外的である。にもかかわらず、これらの学校の教育は現代社会に適応できる人材の教育には適していない。また、他宗教だけでなくイスラム教の他のセクトに対する非寛容な姿勢を生み出す土壌となっている、と指摘されている。

インドネシアは建国後、穏健《おんけん》な世俗的イスラム社会を育ててきた。一九四五年、インドネシアはオランダから独立した。スカルノとハッタが中心となって憲法をつくったが、その際、パンチャシラ（サンスクリット語で五原則という意味）を建国の理念として憲法前文に謳った。

▽唯一神への信仰
▽人道主義
▽インドネシアの統一（民主主義）
▽民主主義による民族主義
▽社会的正義

イスラム教を社会の基本的な宗教基盤とする。しかし、イスラムの戒律（シャリア）を尊重しつつ、それは宗教的な生活原理にとどめ、国法は世俗的な権利義務に基づいて定める。そのような近代的な宗教と国家の分離を明記したのである。

スカルノの共産主義傾斜に対してスハルトがクーデターを起こし、政権を握ってからは、共産主義は社会の安定に対する脅威《きょうい》ではなくなった。その代わりにイスラム教が政権を脅《おびや》かす存在として意識されるようになった。スハルト体制の下、軍部が安定の役割を果たした。それは民主主義を抑圧した側面もあったが、それがイスラムの過激化を防ぎ、社会を安定させ、インドネシアの経済発展を促《うなが》したことは間違いない。一九九七、九八年のアジア経済危機、つまりはグローバリゼーションのうねりが、こうしたスハルトの〝開発独裁〟を転覆させた。民主化が始まった。同時に、地方の復権も宗教の復権も始まった。イスラム政党が次々と立ち現れ、なかにはイスラムの教えを国法より上位におくイスラム主義者たちの急進政党も声を挙げ始めた。アジア経済危機によってインドネシアはIMF（国際通貨基金）から思い切った経済改革を求められることになった。政府予算の削減、公共支出のカットが迫られ、教育予算も大幅に削られることになった。農村部では教師を雇う予算も減らされた。そこに入ってきたのがサウジアラビアなどのイスラム宗教団体の宗教マネーだった。

公教育が荒《すさ》み、疲弊《ひへい》し、混乱する価値体系の空白を宗教情念が埋めていく。その最も極端な表れが、宗教テロである。宗教テロは、インドネシアが建国後、育ててきた寛容の精神、つまりはパンチャシラ（唯一神への信仰を含む五原則）の精神を根底から蝕《むしば》む危険を秘めている。

国家と宗教を分離し、女性の政治的・社会的地位を尊重し、多民族・多宗教・多地域の間の寛容と調和を維持し、機会均等の経済活動や社会をつくり、貧富と所得の差をできるだけ縮小していく、そのような地域と世界に開かれたインドネシアの国づくりと人づくり——こそ二一世紀インドネシアの課題であるだろう。

公文式学習は、そうした人づくりと国づくりの土台と足場の一角に位置しているのである。テロ爆破の際、怪我をした公文の指導者が二名いた。そのうちの一人は、足にガラスの破片が刺さったまま、その日の午後の自分のセンターで行う学習へ向かった。彼女は子どもたちのことが気になっていた。子どもたちは大丈夫だったかどうか、ただ、子どもたちに会いたかった。

◆マレーシア

小学生と宿題

マレーシアの日刊紙『ザ・スター』紙(二〇〇四年七月二九日)に、こんな記事が載った。

マレーシア小学生の宿題は〝時間の無駄〟【メルボルン発】

マレーシアの小学生は毎日宿題をするのに三・八時間平均の時間をかける。これは時間の無駄である、とオーストラリアの教育研究家グループが明らかにした。同グループは、小学三年生までの児童に宿題を課すのは、子どもらしく過ごす時間を奪うし、家庭内不和の原因さえつくる。学力向上にも役立たない。百害はあって一利もない、と述べている……

小学生が宿題にかける一日当たりの平均時間は、オーストラリア・カナダは二・二時間、イランは四時間、イタリアが三・六時間、日本は一・七時間、ニュージーランドが二時間、ロシアは三・一時間、シンガポールが三・五時間、米国は二・一時間……

無意味なうえに量ばかり膨大な宿題を与えられるマレーシアの小学生たちは精神的苦痛を強いられている。このことは校内暴力の問題よりはるかに深刻な意味合いを含んでいる……

ところで、マレーシアの小学生の一日はこんなふうになる。朝自宅を出て全日制の小学校で普通科目を学習する。学校が終わると、たいていは地域にある「ポンドク」(インドネシアの「寄宿舎」とは別)と呼ばれる宗教学校に通う。ここでコーランやアラビア語、宗教倫理を学ぶ。地域によってはポンドクが小学校の始業前、早朝から開始されるところもある。ポンドクが終われば、課外学習施設やさまざまな稽古事へ向かう(このためにマレーシアの公文センターも夜まで教室を開けている)。家に帰るとパソコンの前に座る。彼らは、山のような宿題に取りかからなければならない。かなりの数の小学生が、週に二、三日、いやそれ以上を、こうした時間割りで生活している。帰宅が午前様(午前〇時過ぎ)という例もある。

『ザ・スター』紙の記事が出た翌日、今度はマレーシアの教育大臣ダト・ヒシャムディン・タン・フセインが同じ『ザ・スター』(二〇〇四年七月三〇日)の紙上で反駁《はんばく》した。「昨日の記事は、マレーシアの現状とは関係ない視点だと考える。マレーシア国民が考えなければならないのは宿題量の多寡でなく、教育に対する親たちの関わり方についてである」「児童の能力開発のためには親はどんな努力も惜しんではならない。放課後も、子どもたちの向学心を高めなくてはならない。それは宿題も、塾通いも、算数の計算能力開発でもなんでもいい」「マレーシアの小学生には毎日、適当量の宿題を課するように教育省は学校に指導をしている。許容範囲の宿題量がどれくらいか、それを明らかにするため、教育省では包括的な宿題のガイドライン作りを検討してゆく」。

数日後、『ザ・スター』紙は、ある少女がスクール・バスに轢《ひ》かれて亡くなった事故の記事を掲載した。「亡くなった少女の母親、死亡原因は重すぎるスクール・バッグにあったと批判」との見出しが躍っていた。「一〇歳の少女ナルルジオン・アブドゥル・ラーがスクール・バスに轢かれて死亡した事故について母親は、少女が背負っていたスクール・バッグが重すぎて足を取られたはずみにバスに轢かれたのではないかと発言した」。少女はマレー系マレーシア人だった。他のイスラムの少女と同じように、髪を隠すスカーフを被っていた。少女のスクール・バッグの中には英語の教科書がたくさん詰まっていた。

マレーシアで始まった英語イマージョン教育によって算数も理科も英語の教科書に変わった。生徒たちは宿題をするため、それらを全部、家に持ち帰らなければならない。隣のシンガポールが英語を公用語にし、大学に進学した優秀な学生を奨学金制度を設けて積極的に英国や米国への留学を奨励したのに比べ、マレーシアは人材養成が立ち遅れた。遅れを取り戻そうと、マレーシア政府は現在、三つの柱の教育改革を鋭意、進めている。

① 科学技術分野の拡充と理科系への就学促進
② 英語能力の向上
③ 優秀な教師の雇用促進

二〇〇三年から段階的に始まっている全国一斉に実施する英語イマージョン教育(公立校では最初は数学と科学を英語で行う)への準備も最終段階へ入った。教育改革は、教師と生徒にとって、数学と英語の学力向上が待ったなしの段階であることを告げている。かくして数学と英語の宿題は増える。スクール・バッグ事件報道は、数学と英語の学力を付けるため血相を変える教育当局に対する批判的な目も込められているのだろうか。

国民意識を育てることの難しさ

公文センターの現場に足を運んだ。私は最初にクアラルンプール市内で教室を開いているジェニファー・ヤップに会った。彼女は中国系マレーシア人の指導者である。中国系であるというアイデンティティと共に、マレーシア人であるというアイデンティティをも強く感じている。マレーシア人であることに誇りを持っている。それだけに、中国系、マレー系、インド系などエスニックな分離地帯が今なお強く、マレーシア人という愛国心が十分に育たないことにもどかしさを感じているようである。「正直なところ、中国系マレーシア人は他のどの人種よりマレーシアへの愛国心は薄いのではないかと思います」。ヤップはそんな率直な感想を洩らした。

マレーシアは人口二五五〇万人。民族は、マレー系六五パーセント、中国系二六パーセント、インド系八パーセント、宗教もイスラム教、仏教、ヒンドゥー教、キリスト教の多民族・多宗教国家である。マレーシアはイスラム社会の中では経済開発に成功した数少ないケースである。その背景にはマハティール前首相の力強い政治指導力があった。開発独裁と批判されながら、マハティールの進めた経済発展戦略が軌道に乗り、マレーシアを中進国の一歩手前のところまで押し上げた。

マハティールの世俗イスラム国家戦略は、二〇〇三年一〇月、マレーシアのプトラジャヤ会議センターで行われた世界イスラム・サミットでのスピーチによく表れている。マハティールはその中で、「イスラム教は科学や数学を軽視し、コーランを表面的に解釈した結果、いまでは兵器まで敵から買うざまだ……。イスラム教徒は怒りを暴力で発散するのではなく、国づくりを進め、団結して科学技術を発展させよ」と訴えた。マハティールにおいては、国づくりと人づくりのために、数学と科学を重視する姿勢が顕著である。

しかし、中国系とマレー系の間の機会と所得と富の格差はなお大きい。マレー系の人口は全体の六五パーセント以上を占めていても、人口の三割にもみたない中国系の人々の資本が、マレーシア市場の時価総額の七割を占めているとも言われる。それは教育の格差としても表れている。

マレーシアでは、一九六九年、マレー人と華人が衝突し、約二〇〇人の死者を出した人種暴動が起こった。政府はその背景には、豊かな華人に対するマレー人の反感があったと見て、一九七一年から経済、教育、就職などでマレー系を優遇するブミプトラ（土地の子）政策を進めた。マレー系の株保有率（最低三〇パーセントの所有を義務づけ）、大学入学率（マレー系への国立大学の入学枠の設定）、公共事業への参入（マレー系の株主や役員がいないと、公共事業や政府系企業の受注は不可）などの優遇策である。「機会の均等」にとどまらず「結果の均等」を目指したのである。それを三〇年以上続けた結果、マレー系の社会の指導的立場におけるプレゼンスは格段に強まった。マレー系の企業役員、マレー系の医師、マレー系の技術者、マレー系の弁護士など社会的に指導的な立場にある層にマレー系が着実に進出していった。

一九五七年のマラヤ連邦の独立の時点では、マレー系の経済力は中国系の一〇分の一以下だったと言われる。その格差は、教育程度の高いマレー人中産階層を大量に育てたためにずいぶんと縮小した。しかし、経済では中国系がまだまだ裏では本当の力を握っているのが実態だ（エイミー・チュア／久保恵美子訳『富の独裁者』光文社　二〇〇三年）。アリババと言われる名貸し商法もその一例である。マレー系が中国系の企業の共同経営者として自分の名前を貸し、その報酬をもらう。マレー系の「アリ」の背後に中国系の「ババ」がいるというので「アリババ」。

ブミプトラの優遇政策は「結果の均等」を目指したため、その結果は既得権益化し、それによってマレー系は働かなくなり、何事も政府頼みになる弊害が指摘されてきた。それを批判し、修正に切り替えようとしたのがマハティールである。マハティールは、一九九七年から一九九八年のアジア経済危機の際、マレー系企業が軒並み経営危機に陥ったのに対して、中国系企業がしぶとく生き残ったことに強い衝撃を受けたという。

後任のアブド首相も、ブミプトラ政策は修正の時期に来ているとの姿勢である。マレーシアの国立大学が二〇〇一年からマレー系の入学枠(マレー系の入学を五五パーセント以上とする決まり)を段階的に廃止することを決めたのも、こうした流れであろう。ブミプトラは、中国系やインド系に対して逆差別をもたらし、国民意識を醸成《じょうせい》するのを妨げる結果をもたらしてきた。

公文指導者のジェニファー・ヤップも、そうしたマイナス面について触れ、「ブミプトラ政策が幅をきかせているあいだ、私たち中国系マレーシア人は、小学校も中華学校へ行くしかありませんでした」と言った。ブミプトラ政策によってマレーシアは国民意識を育て損なったのではないかとヤップは思っている。彼女が言う「中国系マレーシア人の愛国心の薄さ」もそれと関係しているだろう。

公文式学習法を通して、子どもたちに「読み・書き・計算」の能力をしっかりとつけさせることで、マレーシアの国民意識の土台を作ることができるとヤップは信じている。なかでも彼女が期待を寄せているのが英語教育である。「公文は、算数はもちろんですが、英語でも国づくりに貢献出来ると思います。英語を共通言語として、対等な立場で意志疎通をすることで、マレーシアの各民族間の間のギクシャクした気持ちやわだかまりを緩和することもできるかもしれない」と言うのである。

現在、近隣の五カ所の公文センター指導者たちと協力して、英語の本を共同購入している。各センターの「図書室」を充実させたいからである。英語版児童書はまだまだ数が少ない。センター同士が協力してまとめ買いすれば蔵書の量も質も上げることができる。

もう一つ、英語指導に自信がない各センターの教室で補助役をするアシスタントたちを訓練するためのトレーニングも共同で始めた。ヤップが抱えるアシスタントのほとんどが英語教材を指導する際、生徒の質問に自信を持って答えることができない。彼らの多くがマレー系であり、大学には行っていない。「でも、私も大学へは行ってません。公文のワークシートで勉強してきました。アシスタントにも同じことを言って励ましています。トレーニングでは週末にワークシートを使いガイダンスをします」。

障害を乗り越える子どもたち

次に会ったのはアイシャ・オスマンである。彼女は、公文の指導者になる前は大学の事務局で働いていた。ある夏、オーストラリアに暮らす二人の姪が遊びに訪れ、そのとき姪たちが持参した公文教材を嫌がりもせず毎日取り組む姿を見て、公文式学習法に興味を持った。そのころマレーシアにはまだ公文事務所はなかった。シンガポールまで講習を受けに行った。公文式学習の基本がとても気に入った。

「筋が通っている、と思ったんです。画期的な学習法でもなく、初めて知ったとかいう驚くようなことは何一つありません。だが、学習とはそうしたものでしょう」。年齢や学年で子どもを分けるとかいう常識的な基準は一切ない。誰でも、自分にちょうど合った、ちょうど必要なレベルから学習し始める。他の生徒がどのレベルをやっているかを誰も気にしない。個人別だから、気にならない。これが魅力的だと思った。オスマンには息子がいる。息子にこの学習法をやらせたいと彼女は思った。公文式学習の自学自習で勉強に自信がつけば、息子が学校で悩まされていた特別待遇(からかわれる、無視される)など克服出来るだろうと期待した。

オスマンの生徒の保護者へのメモには次のように書かれている。

▽公文学習は短期学習では効果は出ません。毎日積み重ねです。そうして目標は到達できるのです

▽何のために学習するのか、目的を明確にしましょう

▽公文式学習は、自学自習が基本です。続けていけば誰でも自分に自信がもてるようになります

親に直接会って、一人一人に伝える。オスマンは入会希望者の両親と最初にじっくり話をする。質問を全部吐き出してもらう。オリエンテーションと個人面談には一時間半から二時間みっちりと時間をかける。親にトコトン納得してもらわないと、子どもの学習は長続きしない。

夏休みも宿題を出す。三週間ほど休暇でセンターに通えなくなるときは毎日学習を親に頼む。毎日、続けなければ、三〇分の学習も苦しくなっていく。夏休みも月会費を払ってもらい、宿題を渡すのは、親の意識もそれで変わるからである。「結局、指導者の責任なんです。子どもに動機付けがうまくできなくて、目標になかなか到達させられないのは。私たちがうまくないのです」とオスマンは言った。

彼女の携帯電話が鳴った。教室にはもう誰も残っていなかった。アシスタントも帰り支度をしている。「もうすぐ、一人の子どもが来ます」。自閉症の男の子だ。他の子どもが全員、帰った後、オスマンはセ

ンターを彼一人のために開放している。母親とオスマンと二人で少年に向かう。「ここはちょっとお見せするわけにはいきません」とオスマンは言った。「母親と二人がかりでないと、ちょっと大変。母親と二人で協力して彼が変化を起こせるようになるまで、学習を続けるだけです」。

「英語イマージョンではもっと読書を」

アン・ノーディンもクアラルンプール市内でセンターを主宰している。ノーディンのセンターは一〇〇名をこえる生徒数を抱《かか》える。ニュージーランド出身、マレーシアのインターナショナル・スクールなどで教鞭を執った経験がある。ノーディンの公文センターはこぢんまりした私立学校のような印象を受ける。週二回、四時に始まって夜は一〇時過ぎまで開いている。ピークは午後九時ごろである。生徒は公文を終えて帰宅してから学校の宿題と公文の宿題もする。ベッドに就《つ》くのは夜中すぎ。ニュージーランドではとても考えられない、と彼女は言う。

センターの書棚には、英語の児童書がぎっしりと並べられていた。公文の英語教材に紹介される書籍もレベル順に並んでいる。マレーシア教育省は二〇〇三年から公立校の授業を英語で行う英語イマージョン教育を導入した。そのため、小・中・高の教師の特訓を開始している。それでも難しい教師には、コーチ制度も導入される。つまり英語専門家が一緒にクラスへ出向き通訳して授業を進める。ノーディンは、英語イマージョン教育そのものには賛成である。ただ、英語の基本は読書であると繰り返した。

「マレーシアの英語イマージョン教育は、読書を徹底しなければならないでしょう。昔のマレーシアの公教育では英国システムを採っていたので読書を大切にしていました。でもいまは、次々と新しい授業の構想があって、そうでなくとも少ない授業時間を分けるのですから英語を学ぶ時間そのものも減ってしまう恐れがあります」「ニュージーランドの英国系私立校、シンガポールのインターナショナル・スクール、ここクアラルンプールのインターナショナル・スクールでも、語学は個人別学習が基本です。子どもたちは四歳くらいから読書を始めますから、読書プログラムの授業は、子どもの能力にあわせて用意された書籍を与えます。程度の高すぎる書籍は与えません。四歳から七歳までで四〇冊くらいは読むでしょうか」

ノーディンの公文センターでも英語を教えている。ノーディンはその際、イメージを把握する力とスピーディに読む力を生徒につけるように心がけていると言った。「教材のなかに読む問題が多く出てきます。頭の中で読んだイメージをどれくらい膨《ふく》らませることができるか、どれほど速く読めるようになるか、そこを注意して見ることにしています」。

教育を通じて国づくりに貢献

二〇〇四年七月にオーストラリアのケアンズで開催された「公文アジア・オセアニア研究大会」で、公文は地域共通のヴィジョンを掲げた。「Contribution to nation building through education（教育を通じての国家建設に貢献する）」。その貢献の仕方はそれぞれの国と社会で異なるだろう。

マレーシアではどうなのか。「マレーシア公文」事務局長の駒村雅人《こまむらまさと》（五〇歳）は、次の三つの課題をあげた。

① 人的資源の開発——良い指導者を数多く育成する

② マレーシアの子どもたちが自立して、自分で自分の未来を切り開く努力をし、夢を実現できるようにサポートする

③ 教育界の人々に公文センターがどういう存在か、どういう意識を持っているかを正確に知ってもらう

よい指導者の育成は公文の命である。マレーシアでは、中国系とマレー系のバランスを考えなければならないことはすでに述べたとおりだが、駒村はこれからの課題としては、さらに多くの子どもたちに公文式学習法を学んでもらいたいと思っている。そのためにも、よい教室をつくるには指導者だけでなく、アシスタントの育成も大切である。いまの状況は、アシスタントの大半の最終学歴は高校卒である。指導者同様に、アシスタントもまだマレー系は少数派なのである。

ここでは、マレーシア公文が直接できることには限りがある。指導者同士の交流を深めてもらい、彼らが自主的にアシスタント・トレーニングで協力する態勢ができるのが望ましい、と駒村は思っている。

公文式学習法はまだまだマレーシアで知られていない。教育を通じて国づくりに貢献したいという志もまだ十分に理解されていない。駒村は言った。「貧困層のマレー系に公文学習を通して自習力を付けてもらえればと思います。英語にも挑戦しようという意欲をもってほしい。公文はそれを手伝うことが出来ると信じています。そのためにも、これまで都市部中心だった教室をもっと地方へも展開したい。そしてマレー系の子どもたちにもっともっと公文式学習に親しんでもらいたいと思っています」。

第6章

グローバル・アジア

—シンガポール・インド—

ラムジャス校の教室(インド)

◆シンガポール

「いくつ質問したの」

「これは、母親と子どもの間で交わされる会話です。学校から帰宅した子どもに母親がどんなふうに話しかけるかという実例ですが。もしイスラエルなら、母親は子どもにこう尋《たず》ねるそうです。「今日は、学校でいくつ質問したの」と。我が国シンガポールはどうでしょう。母親はこう訊《き》きます。「今日、試験で何点取れたの」と」

シンガポールのゴー・チョク・トン首相(当時)が二一世紀の幕開けに、教職員を前に行った演説「人づくり、国づくり」(Shaping Lives, Moulding Nation 二〇〇一年八月三一日)のくだりである。

教師のみなさん、生徒には「授業中にどんどん質問をしなさい」と、励《はげ》ましてください。間違っても「生徒は静かに授業内容を覚えさえすればよい」とか、「耳に入る教師の言葉をスポンジみたいに吸収すればよい」などと思わないでください。どんな質問でも構わないと励まして、質問したいと生徒が思ってくれたらそれでいい。生徒の心は自由になり、開放されます。

ゴー・チョク・トンは、リー・クアン・ユーを継いだ建国後二人目の首相である。ゴー・チョク・トンは、かつて学校教師をしていた。小学校で三年生の担任だった。演説の際、彼はその頃の教室風景を思い出していただろうか。ゴー・チョク・トンは、分かりやすく、丁寧に、相手の目を見ながら、微笑みながら、そう小学校の教師のように聴衆に語りかけていた。ゴー・チョク・トンは、シンガポールの教育政策が効果をあげていると確信していた。同時に、シンガポールがさらに前進するためには、教育への新たなアプローチが必要だと痛感していた。

シンガポールが独立してすでに三〇年以上が経つ。シンガポールはこの間に目覚ましい発展を遂げた。資源のまったくない国である。人材だけが資源であり資産である。教育は建国のときからシンガポールにとってはサバイバル戦略だった。その戦略は見事成功した。米国のスタンフォード大学でも英国のケンブリッジ大学でも、シンガポールの留学生は秀才で通っている。

しかし、グローバリゼーションの時代に入り、シンガポールの指導者は成績の良い秀才だけでは不十分であることを感じていた。「クリエイティブ・シンキング(創造的な発想)」ができる人材、つまり、秀才、英才だけでなくいわば鬼才《きさい》、異才《いさい》を育てないと世界の頭脳市場で後《おく》れをとってしまいかねない。「自分で考える子どもを育てよう。質問できる子どもを育てよう」というゴー・チョク・トンのメッセージは、開発途上国から先進国へと脱皮したシンガポールの、新たな人づくりと国づくりの教育理念を指し示していた。

二〇〇四年七月、ゴー・チョク・トン政権の後を継いで誕生したリー・シェン・ロン政権の教育政策は、「Thinking school, Learning nation(考える学校、学ぶ国)」である。ここで人々が好んで使った言い方を借りれば、「コンテンツ(素材)だけからコンテンツをどう使うかへのシフト」ということになる。いいコンテンツはできた。これからは、それをどのように活用するか、そのソフトウエアを生み出せる人材が必要だ、というほどの意味である。ただ、シンガポールで会った誰もが、「創造性」「想像力」と判で押したように言う。そこに拭《ぬぐ》いがたい画一性《かくいっせい》を感じてしまうのは私だけだろうか。

「英語クール」から「中国語クール」へ

シンガポールの公教育は、建国（一九六五年）以来、二つの役割を託されてきた。

▽KBE（知識基盤経済）への転換へ備えた人材育成

▽多様な言語、多様なエスニシティ（民族性）を超えた国づくり（社会統合）

シンガポールは教育熱心な国として知られている。しかし、建国から二〇〇二年までの三七年間、この国は義務教育制度を採用しなかった。理由は、はっきりしていた。国民に「教育の大切さ」を認識させる狙いだった。政府は親たちには、教育に対する親の責任を理解させようとした。我が子に教育を授《さず》けたいのなら、親が自らその意思を示し、行動しないことには誰も手伝ってはくれない。口を開けて待っていても、自分の子どもに教育は誰も授けてはくれない。つまり、教育の自助努力・責任である。

政府が嫌ったのは国民の政府に対する依存心である。六歳になれば誰でも義務教育を受けられるとなれば、学校に行きたいと望まなくとも、行かせてほしいと親に頼まなくても、お上《かみ》が面倒を見てくれ、誰かがその手続きをしてくれると安易に考える。よい機会はいつも、誰かが与えてくれると期待する。依存心が芽生える。依存心は気のゆるみを生み、努力しなくても権利だけは主張する傾向を生む。これでは学習意欲は育たない。「人間とは怠惰《たいだ》な動物である」とリー・クアン・ユーは信じていた。義務教育は人間を怠惰にする。だから、導入しない。自助あるのみ。国際世論はそれを「とっぴで不公平な決断」と受け止め、リー・クアン・ユーを「民主主義の意味を理解しない独裁者」とこき下ろした。

もっとも、シンガポール政府はこの間、初等・中等教育（六歳から一五歳）の授業料を無償にしてきた。保護者が自分の子どもたちを学校へ送りたいと願えばわずかな負担（諸雑費、月額五シンガポール・ドル＝約三六〇円）で済むようにと、財政支援した。そのかいあってか、平均就学率は九五パーセントに達した。教育政策は単なる教育政策ではない。それは、経済政策であり社会政策であり、何よりも国家戦略であると政治指導者は言い続けた。

言語政策もそうした国家戦略の一環として位置づけてきた。シンガポールは中国語（中国系）、マレー語（マレー系）、タミール語（インド系）を使う多民族国家である。中国系、マレー系、インド系、さらに多様な民族にシンガポール人という共通の国民意識を持たせるには、つまり国家統合の観点から、言語政策を確立する必要がある。シンガポールは建国にあたって、英語を公用語にした。政府も行政もすべて英語で文書をつくり、議論することにした。同時に、家庭ではそれぞれの母語を使うことを奨励する。英語で国際人になり、母語でアジアのルーツ（根っこ）を維持する。

初等・中等教育の中心は「読み・書き・計算」である。当初は、算数と科学以外は、それぞれの民族の言葉（中国語、マレー語、タミール語）で「読み・書き」を教えた。しかし、政府はそれを早い段階で英語によるバイリンガル教育（イマージョン教育）へ切り替え、全国一斉に実施した。隣接するマレーシアのマハティール政権はこれとは対照的に、公用語をマレー語に統一し、英語学習を削減する政策を進めた。ゴー・チョク・トン首相は二〇〇一年八月三一日の「人づくり、国づくり」スピーチを当然のことながら、英語によって行ったのである。

ゴー・チョク・トンの後を継いだリー・シェン・ロン首相は、「中国語はクール（カッコいい）」キャンペーンに力を入れている。建国以来、英語を公用語に据え、国際競争力をつけてきた二〇世紀後半の歴史段階から、英語と中国語を併用して国際競争力を維持し、向上させようとする二一世紀前半の歴史段階へとシンガポールは歩み始めている。リー・シェン・ロン政府は、英語とともに中国語を実用語とする政策転換に向かっている。しかし、その道のりは平坦《へいたん》ではない。

リー・クアン・ユーは二〇〇四年一一月、議会におけるシンガポールの言語政策に関する討論で、次のような見解を披露した。

英語はこれからもシンガポールの主要な実用語であり続けるだろう。……シンガポール人が英語ができることが、われわれが中国で高く評価される理由でもあるのだ。英語が話せて、英語世界とつながっていることは付加価値なのだ。一生中国の言葉と文化を必死になって勉強するようなシンガポール人を中国は必要としていない。

この辺は、リー・クアン・ユーの現実主義者としての面目躍如《めんもくやくじょ》たるところである。彼は、四〇年前の政策そのものは正しかったと主張した。ただ、その進め方には問題があった。彼が考えたような公用語英語ともう一つ母語の両方を駆使するバイリンガルのシンガポール人は一般大衆レベルではなかなか育たなかった。彼の三人の子どもにしても、中学校までは中国系の学校に通わせたが、結局は英語が主となり、中国語は副に終わった。英・中完全バイリンガルにはならなかった。バイリンガルといっても、どちらかが主でどちらかが副になってしまう。その現実を認めなければならない。そういう話をした上で、リー・クアン・ユーは続けた。

シンガポールは英語をその実用語とし、同時に民族の母語を学んでいくという枠組みは変えるべき……ではない。その枠組みの中で、人々はどれをどう選ぶという選択をすることができるだろう。より多い中国語でも、より多い英語とより少ない中国語でも、より少ない英語と、そのどちらでもいい。ただ、一〇〇パーセントの英語と一〇〇パーセントの中国語というのはない。心しておかなくてはならないことは、子どもの能力に関して間違った選択をしてもそれは親の責任であって、政府の責任ではないということだ。政府を非難するのはお門違いということだ。

コミュニケーションが苦手？

昼食時間らしい……。教室から子どもたちが飛び出してくる。アンダーソン小学校の正門からエントランス・ホールまでのアプローチを辿《たど》る。ホールを入ってすぐの右手に、大きな食堂があるのに気づいた。正面には五軒ほどのベンダーが軒《のき》を並べる。厨房《ちゆうぼう》付きの簡易レストランといった格好で年配の男女が忙しく働いている。宗教にあわせた多様なメニューを提供しているらしい。すでに生徒が列を作って順番を待っていた。

ダーク・ブルーの制服姿のローレンス・チョン校長が、校内を案内してくれた。どこへ行っても、生徒たちはチョンの顔を見るとお辞儀《じぎ》をし、挨拶《あいさつ》をする。「おはようございます。チョン校長先生」。礼儀正しい。掃除の行き届いた校内にコンピュータ授業専用教室があった。生徒一人一人が一台ずつ使えるようにということだろうか。台数も機種も含めて設備は充実している。

校内を一渡り見学してから校庭へ出た。校庭を囲む東西南北の出入り口に地域や都市名が掲《かか》げてあった。〈シリコン・バレー〉〈ザ・ジュリアード〉〈オックスフォード〉〈マー・ライオン・ハブ〉。起業家のメッカ、音楽の殿堂、世界最高級の象牙の塔、そしてアジアの海港の中心。マー・ライオン(Mer Lion＝海のライオン)は、海港都市シンガポールのシンボル。どれもが、世界の文明・文化を質でリードする中心地(center of excellence)というイメージである。いつかは、そういうところで、活躍できるようになろう、というメッセージも込めているのだろう。

チョンは小さい頃から、校長先生になりたかったと私に言った。学校の先生になりたい、それが夢だという子どもはいるだろう。しかし、校長先生になりたい、と特定するのは珍しい。私が怪訝《けげん》な顔をしていたのだろうか。チョンは、少しいたずらっぽい顔をした。「小さいころ、ある女性の校長に憧れました。先生は、私が住んでいた家の前を歩いて毎日学校へ通ってました。私の学校の校長ではありません。とにかく私は、毎朝彼女が歩く姿を見るのがドキドキするほど楽しみでした」。その女性校長はハイヒールのかかとをならし、颯爽《さつそう》とチョン少年の目の前を通り過ぎて行く。歩き方がステキだった。子ども心にも彼女のセンスの良い服装には威厳すら感じた。彼女が歩いてゆくと周りの空気までピンと張りつめた。それがチョン少年の心を捉《とら》えた。自分もいつか、校長先生になる、と心に決めたのだという。

アンダーソン小学校の生徒の民族構成は、大半が中国系、あとがマレー系、インド系、その他さまざまな人種からなっている。教師と生徒と親の三者間の意志疎通がうまく行かなければ、公教育の目的達成など及びもつかない、とチョンは固く信じている。チョンが重視しているのは、親と生徒と校長の三者面談である。「〝シンガポール人はコミュニケーション能力がもうひとつ〟とか〝コミュニケーション能力に問題がある〟とか最近言われていますから……」。

シンガポールでは、学校で通信簿がつけられるのは生徒だけではない。校長も教育省から〝通信簿〟をつけられるのである。「シンガポールには校長が三八〇名ほどいます。私も含め校長職に就くものは全員、教育省から成績順位(一番から三八〇数番まで)をつけられ、A、B、Cで評価されます」とチョンは言った。三八〇番目につけられた人はどういう気持ちだろう、などと私はまずそちらの方を心配してしまったが、チョンは淡々としたものだ。どの学校の校長をするかは、この通信簿次第である。成績順位が高いほど、英才校や新設の実験校のような重点学校の経営を任される。そうした学校の校長先生の社会的地位は高い。チョンは一九九九年まで、他の小学校を任されていた。そこで期待を上回る実績をあげたことで、新設校「アンダーソン小学校」の立ち上げを任されることになった。「リスクは相当ありますが、やってみますか」と教育省から打診を受けたとき、チョンは、「もちろん。レッツ・ゴー」の二つ返事で引き受けた。

校長にとって一番必要な資質は何か、と私はチョンに訊ねた。「人当たりがよいとか、教えるのがうまいとか、ある専門で一家言を持つとか、それぞれ必要な資質はあると思います。しかし、そのすべてを束にしたよりも大切な資質は、リーダーシップでしょう」とチョンは言った。

Kumon はグローバル

公文センターを訪問すると、教室で指導者を補助するアシスタント希望者へのセミナーの真っ最中だった。希望者は八名いた。センターの主宰者S・N・ラジャラムはインド系シンガポール人である。インド系独特のねばっこい英語である。「Kumon という学習法はグローバルな学習法で、学んでいる国や地域もグローバルな広がりがある。だから、指導者である私たちも、グローバルな視点に立って取り組まなければならないと話しました」。何度もグローバルという言葉が口をついた。

ラジャラムはパイロット、外国汽船の船乗り、教師、など仕事を転々とした。息子が公文センターで学習したのがきっかけで、公文に関心を持ち、公文センターを始めたらどうだろうと妻と二人で話した。指導者試験を受けたが、妻は合格したが、彼は落ちた。そこで、妻が指導者、彼はアシスタントという二人三脚でセンターを始めた。事業は順調に進み、また、新たなアシスタントを募集しなければならなくなったわけである。「教師時代を思い出しました。自分のクラスにじっとしていられない男子生徒がいて、対応に困ったことがありました。私は彼にクラスのモニター係を頼みました。座っていられなくてクラス中を歩き回っているなら、みんながちゃんと勉強しているかどうかを見て、僕に報告してほしい。それからきみも自分の勉強をしなさいと頼んだのです。彼は喜々としてモニター係をやり通しました。公文のセンターで妻のアシスタントとして働いていると、あのころの自分が戻ってきます。いまではこれが私の天職だと思っています」。

センター見学のあと、「シンガポール公文」の事務局長、ウィリアム・タンに会った。タンは一九七一年生まれの三五歳である。公文に入社したのは一九九九年。シンガポールの日立製作所(現地法人)で営業担当の地域マネージャーなどを歴任してからの転職だった。

シンガポールにシンガポール公文が設立されたのは一九九五年五月。一〇年後、センターの数は八〇カ所(指導者の数も八〇)、生徒数は一万五〇〇〇名(数学八〇〇〇名、中国語一五〇〇名、英語五五〇〇名)になった。

タンは、子どもの頃の言葉の問題から話し始めた。「学校までバスで二〇分くらいで、ちょっとしたことからバス停近くの書店に寄るようになりました。小学校三年生だったんですが、手に取った英語の『ジンジャー・ブレッド・マン』にハマってしまったんです。あれは英語が母語の子どもなら、幼児期に読む本かもしれない。英国の児童文学名作全集といった〝レイディバード(Ladybird)〟シリーズの一冊でした。ページを繰って読み出すと物語が頭にスッスッと入ってくる。ものすごくうれしかった。続けて『三匹の子豚』や『ヘンゼルとグレーテル』も読みました」。

タンの両親は「中国語」で授業を教える公立小学校に彼を通わせていた。ところが途中からその小学校も、全教科を中国語でなく英語で教えるように変わった。「あの書店で出会った英語の本を読むようになってから、初めて英語人(英語を母語として生活する人々)の友だちと楽に話ができるようになりました。テレビ番組の話ばっかりしてた僕らが、本の話をするようになった。それから自然にいろいろなことを話すようにもなったんです。同じ文化、まぁ僕らの場合は読書を通してなんですが、それを共有できるうれしさは格別でした。自信も付きました」。

タンは家にいるときは親や兄弟たちと中国語を使って話をしていた。兄弟の勉強を見るときも中国語だった。そのうち「授業科目」として学ぶ英語も、校内実用会話語としての英語も、英語の本をきっかけにして日常語へと変わっていった。不思議なくらい英語が自然に頭に入ってくる。そうなると中国語への見方も変化していった。「母語」だから得意で当たり前と思ってきた中国語を、英語と同じ一つの言語として突き放し、しかし真剣に捉えるようになった。ひょっとして自分は語学が得意なのではないかとある種の自負のようなものも生まれてきた。「いまでも、例えば仕事場で「タン、いま何て言ったの?」と発音を聞き返されることがあります。そんなとき「僕の発音がどこか変だった?」と余裕を持って答えられる。面子をつぶされたとか、カリカリするとか、恥ずかしいとか全然思いません。平常心でいられるんです。それがありがたいと思います」。英語とは欧米人だけの言葉ではない。誰もが使いこなし、自分のものにできる言葉と思うようになった。「英語はグローバル社会に住む〝みんなのもの〟じゃないですか。欧米人だけが独占する言語じゃない。シンガポールが英語を公用語にしてくれたおかげで、僕たちもこういう柔軟な発想が出来るようになったんだと思います」。

タンは、公文の英語学習を通して子どもたちに読解力を磨いてほしいと願っている。「主眼は、読解力と本を読む速度を磨くことです。将来、大学や大学院に行って、膨大な量の英書を読むことや英語で課題をこなすことを求められたとき、難なく対応できる英語読解力をつけてほしいと思います。グローバルな視野で、英語を母語とする人々と肩を並べて、競争しなければならない日が来ているのです。私たちは英語が母語ではありません、英語をあくまで実用語として使うのです。しかし、英語が不自由という理由で英語が母語の人に劣ったり、負けたりはできないのです」。

英語はいまではEnglishes(英語たち)なのである。英語、米語、オーストラリア英語、シンガポール英語(Singlish)、インド英語、ブラジル英語……英語はそれぞれのお国訛りのある英語群になりつつある。シンガポールの繁華街を少し歩いても、そうしたさまざまな英語たちが賑やかにダンスをしている。それはまた、シンガポールが多様な民族国家であることを表してもいる。

シンガポールには永住権を持つ多様な国籍の人々が増加の一途を辿っている。短期滞在のプロフェッショナルも増加傾向にある。大学卒業者数も欧米を中心とする外国留学経験者も確実に増えている。リー・クアン・ユー公共政策大学院も発足した。未来のアジアのリーダーを養成することを目的としている。世界の一流の大学の分校のような形で、その知的財産を融通してもらう〝戦略提携〟も盛んである。よりよい機会を求めて人々がここに出入りする、この盛んな人の移動は出る方も入る方も英語人としての自分を持っているからこそできる芸当でもあるだろう。

タンは言った。「シンガポールでも五〇代以上の世代、僕の両親の世代は英語にはほとほと苦労していました。学校の数学の先生のことをよく覚えてます。中国系で中国で教師の資格を取った先生だったんですが、途中で英語で数学を教えなければならなくなりました。一生懸命丸暗記して、それをただ繰り返していました。先生も大変なんだなあと思いましたが、その気持ちは伝わりました。その数学の先生のような献身的な努力が僕らや僕らの次の世代を育ててくれたのです。無理なく英語を使える世代を育ててくれたのです」。

◆インド

デリーに最初の公文式教室開校

「インド公文」の事務所と直営教室は、デリー市内サフダルジャン・エンクレイブという地域にある。デリーの中心地といえる。まだ新しいビルの二階（英国式なので実際は三階）に本社の事務所が置かれ、地下一階に直営教室用の部屋がある。インド公文を率いるのは小林裕幸《こばやしひろゆき》（三九歳）である。公文アソシエイツでインド公文の社長であり、直営公文センターの責任者だ。センターで指導者を務めるのは七名の現地採用の公文アソシエイツ(二〇〇六年には九名)たちだ。彼女たちは全員、学士から修士を修めている。彼女たちは採用後、日本での研修とインドネシアでの教室研修(実際に教室で教えることを含む)を受けてきた。会社の共通言語は英語である。毎朝のミーティングで社長とアソシエイツはとことん議論し、情報を共有することを心がけている。

直営教室はまずは体験学習から始めた。初日の二〇〇五年四月一八日は、午後二時にスタートした。交通渋滞の町中を抜け、教室に着くまでには時間がかかる。送迎は母親の役回りだ。私立校に通っている子どもの場合、母親が運転手付きの車に乗って、子どもを連れてくる場合が多い。メイドも一緒だ。教室に入るときには、日本の教室同様に靴を脱いで下駄箱に入れなければならない。生徒たちは最初、ちょっととまどったようだ。靴を脱ぐのも履《は》くのもメイド任せの生活をしている子どもが少なくない。脱いだ靴を自分で下駄箱に入れることも経験がないのだろう。靴先を向こうにするのかこちらに向けるのか、そんなところで悩んでいる。教材に向かうと生徒たちは静かにスラスラと鉛筆を走らせる。世界中の公文教室で見るのと変わらない風景である。

一教科の月会費は九九七ルピー(税込み額で日本円ならおよそ三〇〇〇円)である。デリーの中流家庭で私立に子どもを通わせる共働きの親の収入を目安に設定されている……と聞いた。二週間の体験学習の後、入会したいかどうかを決める。もちろん、親が月会費を払えることが前提だ。

参加者は前もって「学力診断テスト」を受けていた。その結果を見て、指導者は子どもたちの「ちょうど」つまり、それぞれの生徒がどの教材から始めるのがよいかを決める。ところが、母親の中にはその「ちょうど」に納得できない者もいる。「うちの子どもと同じテストを受けた子どもが、どうしてうちより進んだ教材を学習しているのですか」と、納得できないのだ。母親たちは学校の成績や普段の学習態度や学校教師の話やありとあらゆる例を挙げて、教材の妥当性を知りたいと説明を求める。

指導者の一人、シャイスタ・シャーは最初の日におよそ二時間近くもかけて、一人の母親にこの点を説明していた。すべての教材をテーブルに載せ、公文の学習法が「自分にあったちょうどの所から進めた方が子どもの力が伸びる」ということを懇々《こんこん》と言って聞かせていた。こういうところの言葉で説得する際の論理の組み立て方と粘《ねば》っこさは、それに対してなかなか納得しない方の反論の鋭さとしつこさともども、英国譲りと言うか、いやインドならではと言うか、大変なものだ。

教室日でない日に、毎日三〇分間の学習をするために宿題を出すということに抵抗感を感じる母親もいる。母親が一緒になって「作業時間を正しく測ってください」とか、「宿題をきちんと済ませたかうかを確認してください」と言われると、気重になるらしい。「子どもは稽古事が多いし、わたしは忙しい。そのうえ宿題までわたしが見なければならないなんて大変だ」。そう言って子どもを引き立てて教室をあとにし、二度と戻らない母親もいた。しかし、いったんわが子の学習能力、つまりは自習能力を高めるために公文式を使ってみることを決断した母親の多くは、説明を受けると、自分の子どもには何が一番、必要なのかを理解した。彼女たちは、黙って子どもが学習を終えるのを待ち、子どもの努力を誉め、次の教室日にも姿を見せた。

英語が出来なきゃ、生きていけない

体験学習の参加者の中に、少し変わった三人連れがいた。小学五年生の男子生徒、その母親、そして

彼らの家の使用人の一八歳の男子生徒だ。三人が三人とも学習をしたいと参加した。小学生のニキルは私立校に通う。算数と英語を学習したい。母親のミセズ・シャーは英語。そして、一八歳のディヴェンデラ・クマールも英語の基礎から学習すると言う。基本的には、英語を学びたいのである。

インドでは英語は一七言語ある公用語の一つである。ここの英語はかつての宗主国であった英国のクイーンズ・イングリッシュに準拠《じゅんきょ》している。したがってインドで使う公文の英語教材は英国英語特有の表現が随所に出てくる、通称「英国版」と呼ばれる教材である。同じアジアの国であっても、インドの生徒たちはEFL版の教材(英語を母語とも公用語としても使用しない生徒のために開発された教材)とも、通称・日本版(日本の文部科学省準拠の英語教科書に沿った語彙などを下敷きに作られている教材)とは違う教材を学習しなければならない。また英語を母語とするアメリカでの英語教材もまた違う。米国英語が英国英語と表現のうえで微妙ながら差異があるため、「北米公文」は米国英語を母語とする生徒たちだけのための英語教材、通称米国版英語教材を使用している。

幼児から小学生が中心の直営教室の中に、自分のお母さんのような女性や高校生がいるのが珍しいのか、小学生の生徒の中にはまじまじとディヴェンデラの前に立って顔を見ている子もいる。どういう事情なのだろうか。一体、どんな家庭なのだろうか。彼らにとって公文とは何なんだろうか。私は好奇心に駆《か》られ、失礼とは思ったが、三人を送ってきたニキルの父親アルン・シャーに「できればお宅を訪問したいのだが」と単刀直入に切り出した。すると、ニッコリして「いいですよ」とのシャーの返事だ。

翌日、ニュー・デリー市内サケット地区にあるシャー家を訪ねた。通されたのは台所横のダイニングルームだった。テーブルの上には遅いアフタヌーン・ティーの用意が出来ている。コーンの粒《つぶ》を酢でマリネしたもの、ビスケット風な固い菓子、牛乳を使った自家製チーズ、スコーンを小ぶりにしたような焼き菓子……などが、たっぷりとテーブルの上には並べられている。お茶を勧められた。インドの食事の時間が分からないが、こんな夕方(五時過ぎ)にこれほどいろいろなものを胃に納めたら、いったい何時ごろに夕飯を摂るのか不思議に思った。するとシャー夫人が、「ニキルは早めに食べるので、夜の八時ごろかしら、主人はゆっくり食べたいと言って、夜中の一二時頃がお好みの時間帯です」。ホテルの部屋に届けられる朝刊の見出しがふと頭に浮かんだ。「インド人は先進国の中で最も寝不足の国民だという結果が出た」。確かに、夜中の一二時ごろから食事を始めたら、いつ眠りについて何時に起きるのだろう……。暑い日中に昼寝をする習慣も食事時間帯と関係しているのだろうか。

シャーが公文に興味を持ったのは一九八五年。『ニューズウィーク』誌に紹介された記事がきっかけだった。それから公文がインドに進出するかどうか知りたくて、日本の本社(大阪府)に手紙を書いたという。返事が来た。〈お手紙ありがとうございました。関心を持っていただいて嬉しく思います。ただ、現時点では、インド進出は考えていません〉。諦めかけていたとき、シンガポールに公文があると知った。その後、シンガポールのサイトを見たり、ずっと情報は収集していた。

日本の教育に興味を持ったのは『窓ぎわのトットちゃん』(黒柳徹子、講談社、一九八一年)の英語版(「Totto-chan」(ドロシー・ブリトン訳)一九八四年)を読んだことからである。それが出版されたとき、真っ先に買って読み、トットちゃんの生き方と考え方、それに彼女が受けた教育にとても感銘《かんめい》を受けた。この本を何冊も買い込んで、これと思う人にはプレゼントしたほどだ。

『窓ぎわのトットちゃん』は、授業中に机のフタを何度も開けたり閉めたり、窓ぎわに立ってチンドン屋さんと話したり、もてあましものとして退学させられた小学校一年のトットちゃんが、東京・自由が丘のトモエ学園に転校してから作文が大好きな少女に育っていく姿を描いている。トモエ学園の生徒は六年生まで全部で五〇人ほど。先生は、その日一日にやる科目の問題を全部書いておく。子どもたちは自分の好きなものから始めてかまわない。作文を書いているトットちゃんの後ろで、フラスコをブクブクさせている子がいる。大声で歌っている子がいる。わからないことがあると先生に聞きに行く。トットちゃんは、小林宗作校長と一つの約束をした。「大きくなったらトモエの先生になってあげる」。しかし、トモエ学園は戦災で消失した。約束は果たせなかった。その代わり、トットちゃんは、小林校長とトモエ学園の思い出を一冊の本にした。

二〇〇五年になってデリー市内を車で走っているとき、シャーはスカイ・ブルーの公文の看板を目にした。まさかと思いながらもインターネットで電話番号を調べて連絡すると、それが念願の公文だったという。直ちに息子を体験学習に参加させることを決めた。でも、使用人のディヴェンデラを体験学習させたのはどうして？「英語が出来なきゃ、生きて行けないからです。インドでもどこでも。彼の通う公立学校はヒンドゥー語が主言語の教育で英語力はまったく付きません。そんなことをしていたら将来の大国インドは、大変な重荷を背負って行かなければならなくなる。自立できるだけの英語力を彼に付けておいてやりたいと思ったのです」。

ディヴェンデラの手紙

シャーは一通の手紙をコンピュータから打ち出すと、私に見せた。

皆様

この手紙はお願いしたいことがあって書いています。

わたしはデリー市の公立学校の一一年生です。昨年受けた一〇年生の学力テストでは、七〇パーセント以上という成績を残しました。

わたしの家庭は父が無職で、母が何軒もの家々でメイドとして働き生計を立てています。わたしは登校前に、母の仕事先の家庭の何軒かを受け持って働いています。

わたしの仕事先の雇い主の方々は、わたしにタイプを習うように勧めてくださいました。そして二年間タイプ学校に通える費用を払って下さいました。おかげでいま英文タイプは一分間に四〇語打てるまでになりました。

いまわたしが直面している課題は、卒業後に就職するためにはいまの英語力ではまだまだ未熟であるという点です。

雇い主のある方が、日本では有名な学習方法である「公文式」をやってみたらどうかと紹介して下さいました。わたしは是非今年から、公文センターで英語を学習したいと熱望しているのです。月会費は英語一教科で九〇〇ルピーですが、サービス税を含めると一カ月九九七ルピー必要となります。お願いしたいのは、もしご理解いただければ、公文へ通う月謝を少しでも御援助いただけないかと言うことです。

はっきりと申し上げておきたいのはご援助いただく募金は公文への月謝として使われるということです。お送りいただく形として小切手の支払人名は「インド公文教育会社(株)」宛にしていただければいです。

使用人、ディヴェンデラ・クメール

この手紙はデリー市内の一五社のインド系企業に送られた。

インドはよく英語の国だと思われている。英語はインドの母語と思っている人も多い。外国人だけではない。当のインド人もそう思っている人が多いようだ。英語をまともに話せない貧困層でさえ、母語はと聞かれたら「英語」と答えるという。インドにおいて英語は公用語ではあるが、母語ではない。母語とは母親の母乳を吸うように覚える言葉である。多くのインド人にとってそれは「ヒンドゥー語」であり「タミール語」であり「ウルドゥー語」である。英語は母語ではなく公用語なのである。それも一七もある公用語の一つにすぎない。ただ、それは建前の上の話である。インド人にとって英語は特別な意味を持っている。英語は旧宗主国である英国の母語であることからくる心理的、政治的葛藤はなおある。しかし、同時に、英語はインドを世界とより深く結びつけ、グローバリゼーションを自分の糧として使い切り、何よりも民主主義国であるインドのアイデンティティとも深くかかわっている。

公文式を学校導入している私立校ラムジャス校のミーラ・バラチャンドラン校長は、クイーンズ・イングリッシュを響かせてこう説明した。「インド人の気持ちの中には、自分たちをアジアの一部だというより、欧州の一部だと思っている気分があると思います。心の中にカースト制度は残っていても、これほど民主主義が徹底して理解されている国がアジアの中に他にあるでしょうか。人口が多くても民主主義を理解しない国とはまともな議論もできないでしょう。そのことだけでもインドは、アジア諸国よりヨーロッパや米国に親近感を感じています」。

英語を公用語にしていることで、教育を受けたインド人は英語に不自由しない。それはグローバリゼーションの時代に、インドを躍進させる上で大きく貢献している。英語はインドの人々を世界に押し出すカタパルト効果を発揮しつつある。無料メール「ホット・メール」のソフトを開発したのもインド系のサビール・バティアだった。スタンフォード大学院生のとき、米国のエンジェル（篤志家）に三〇万ドルを援助してもらいソフトを開発した。インテルのヒット・チップ、ペンティアムの開発者もインド系のヴィノード・ダムである。ＩＴ（情報技術）関連のインド系起業家を数え上げればきりがない。シリコン・バレーにおけるインド人やインド系米国人の活躍が喧伝《けんでん》され、米議会に対するインド・ロビー・パワーが注目され、国連の安保理常任理事国入りをめぐってインドが日本などとともにＧ４（四カ国グループ）を形成、さらには米国がインドとの長期的な戦略的連携を志向し始めるなど、インド人の国際競争力とインドの国際的地位の向上は目覚ましい。

海外に住み、そこで生活をするインド人、いわゆる印僑《いんきょう》たちはそのパイオニアだ。英国に八五万人以上、欧州全体では一四〇万人以上、アフリカに一八五万人以上、アジアには七二四万人以上、北米一六五万人以上、南米にも一〇三万人以上といわれる。英語を学びたいというディヴェンデラの思いのどこかに、こうした台頭する起業インドの夢が孕《はら》まれているのかもしれない。

差別を突き抜ける突破口

サウス・デリーにあるパブリック・スクール（私立校）のラムジャス校内に公文センターが開設されたのは、インド公文本社の本部直営教室の開設と同じ二〇〇五年四月だった。ラムジャス校内の公文センターは、学校の教室を使って行われる。一般企業が私立校の教室を借りて商売するという発想がピンとこなかったが、もともと交通事情の悪さがあってか、インドの小・中学生は民間経営の塾や稽古事を自分が通う学校の中で学び、習うことが珍しくない。公文学習も学校の中ということで月会費は本部直営教室より安価の六〇〇ルピー(約一八〇〇円)だ。

ラムジャス校ではすべての授業は英語で行われている。ところが、その授業の英語について行けない生徒も少なくない。公文センターは、そうした子どもたちの「英語やり直し」に役に立つことができる。実際、ラムジャス校内で開かれる公文センターでは英語を学んでいる生徒が多かった。

ラムジャス校に通ってくるのは中流家庭からの生徒ばかりではない。親の月収がそこまでいかない家庭の子どもも通ってくる。こうした子どもたちの家庭には英語フレンドリー、つまり英語を身近に感じられるような環境はない。その層の英語力をどのように付けさせるか、それは母語の保護と並んでインドが解決していかなければならない課題だろう。しかし、それをただ政府の仕事であるとか行政の責任であるとか言い立てずに、市民社会の中でできるところから取り組んでいく、インドの強さとしなやかさをラムジャス校の生徒や、シャー一家の使用人、ディヴェンデラの英語学習への回路づくりの努力は物語っていないだろうか。

英語を使いこなすことで得られる個人のさまざまな張力(エンパワーメント)を享受《きょうじゅ》できたのはかつてはエリートに限られた。しかし、インドではいま、それを中産階層が確実に手にしつつある。それがインドの躍進の最大の原動力である。そして、ディヴェンデラのように次の中産階層の予備軍もまたそれをつかみ取ろうとしているのである。英語こそが、カーストも貧しさもスラムもそうした構造的差別を一気に突き崩し、そこから突き抜ける可能性を与えてくれるとディヴェンデラも他の多くのディヴェンデラたちも考えているに違いない。インドに澎湃《ほうはい》と生まれつつある中産階級の、夢をともに夢見て、分かち合う歴史的機会に、インド公文は遭遇しているのかもしれない。

第７章
学びの社会 米国

モイヤー夫妻と著者(米国)

アメリカ上陸

公文式のアメリカ上陸は、一九七四年一月だった。ニューヨーク州ラーチモント市に家族の海外勤務に伴われて住んでいた岩井《いわい》栄子《えいこ》が、東京事務局との協力で教室を開設することになった。岩井の母親も日本では公文式教室を主宰する指導者だったという縁もある。ただ、このときは、学習者の対象は日本人駐在員の子弟たちに限られていた。そしてこれが公文式学習を海外で最初に緒《しょ》につけた教室となった。その後、一九七四年ロンドン、一九七五年台湾・台北、一九七六年オランダ・ハーグ、一九七七年ブラジル・ロンドリーナ、サンパウロと続いた。その多くは、やはり日本人駐在員の子弟相手だった。

一九八三年、公文教育研究会は、カリフォルニア州トーレンス市に現地事務所を設立した。立ち上げを担当したのは公文教育研究会の現教育主幹、鹿谷研二《しかたにけんじ》(五九歳)だった。当時、三〇代半ばである。公文式学習が、米国に受け入れられるかどうか、米国で成功するかどうかは、公文の世界への進出の将来を占う試金石《しきんせき》になる。

カリフォルニアに赴任する鹿谷を、公文公、妻の禎子、長男の毅は、大阪伊丹空港で見送った。米国にかける夢と鹿谷にかける公文公の期待の大きさを物語る話である。今度のセンター開設は、現地駐在の日本人の子弟ではない。直接、アメリカ市民を対象とする。最初の教室が同年、ロサンゼルス近郊のトーレンスに開かれた。海外での日本企業や日本人のニーズに応える国際化ビジネスから、世界の企業や人々のニーズに応える世界化ビジネスへの跳躍だった。

一九八三年と言えば、レーガン政権が「危機に立つ国家」報告書を発表し、米国の学力低下に警鐘《けいしょう》を鳴らし、日本式教育の挑戦と米国式教育の応戦という形で日本に対する対抗意識を露《あら》わにし始めた頃である。アメリカ人を対象としたトーレンスの最初のセンターの開設が一九八三年だったことは、象徴的である。公文式は、そうした米国の「教育危機」に対する関心の高まりとともに、米国に受け入れられていったのである。

一九九一年、公文教育研究会は、それまで米国内とカナダで設けていた現地法人各社を統合する形で、米現地法人「北米公文」を設立した。アメリカ人の教室指導者を養成し、フランチャイズ方式による公文センターを北米全域で展開する体制を整えたのである。このころをピークにその後、日本のバブル崩壊、経済停滞、少子高齢化、学力低下が叫ばれ、米国にとって日本は脅威でも挑戦でもなくなっていったが、公文はその後北米で目覚ましい進展を遂《と》げていく。

現在、北米公文は全米に一二七四カ所の公文センターを展開している。学習者は一五万九二七七名である(二〇〇六年三月現在)。これに、「カナダ公文」(センター数三三一カ所、生徒数四万九三五二名)、「メキシコ公文」(センター数二一六カ所・学校導入九カ所、生徒数一万三八五八名)を加えると、北米全体で学習者総数二二万二四八七名にのぼる。

アメリカで公文式学習法が認知され、受け入れられてきた実績は重い。公文式のどこがアメリカの教育ニーズに合ったのか。どこが評価され、それはどのように変わりつつあるのか。私は、大リーグのシアトル・マリナーズの投手、ジェイミー・モイヤーに話を聞くことから始めた。野球の話ではない。一人の「公文ペアレント」としての話を聞きたかったからである。

ジェイミー・モイヤー

ジェイミー・モイヤーは、シアトル市内にある「モイヤー財団」の事務所の入口で待っていた。ジーンズ姿である。握手をすると、その手はカエデのように大きい。そして、柔らかく、温かい。モイヤーは米ナショナル・リーグのシアトル・マリナーズ所属のピッチャーである。大魔神(佐々木主浩、投手＝二〇〇四年退団)、イチロー(鈴木一郎、外野手)やシゲ(長谷川繁利、投手＝二〇〇六年退団)のあのマリナーズだ。彼は一九八四年にシカゴ・カブスにドラフト六位指名でメジャー・リーグ入りした。シアトル・マリナーズには一九九六年七月にボストン・レッドソックスからトレードで入団。二〇〇四年はリリーフ・ピッチャーとして三三試合に先発した。一二五の三振を奪ったものの、防御率は五・二一。

モイヤーはよきメジャー・リーガーだけでなく、よきアメリカ市民でもある。これまでにも地域への貢献賞など数々の栄誉賞を受けてきた。彼は二〇〇〇年七月、シアトル市に「ザ・モイヤー財団」を設立した。「子どもたちの幸せを守るため。健康上、精神的、経済的な理由でさまざまな犠牲を強《し》いられる子どもやその家族や家庭を励まし、支援する」ことを目的としている。市内にある「フレッド・ハッチンソン癌研究センター」で治療を受ける子どもたちへの支援もそのひとつ。実はフレッド・ハッチンソンもかつてメジャー・リーグの投手だった。いまのマリナーズの前身チームともいえるレイニアーズで一九五〇年代に活躍し、後に同チームの監督となった。ハッチンソンは一九六四年にガンで亡くなったが、実兄で医者のウィリアム・ハッチンソンが癌研究センターを設立したとき弟の名前を冠した。

モイヤー財団はまた、二〇〇一年に起こった同時多発テロの後、北米公文で学ぶ生徒や保護者たちの協力も得て、このテロで精神的な苦痛を受けた子どもたちのうち二〇〇余名の子どもたちを首都ワシントンに招き、キャンプを催している。

モイヤー夫妻の公文との縁は、彼らが自分たちの子どもを公文に通わせる「公文ペアレント」だったことから始まった。モイヤーへのインタビューには夫人のカレンと一緒に答えてくれた。「こんな生活ですから、これまで引っ越しが六〇回以上。そのたびに子どもたちの学校、友だち、授業の内容は変わるでしょう。だから彼らにとっては公文に通っていることだけがたった一つの〝一貫性〟だったと言えるかもしれませんね」。そう言って、カレンは笑った。

モイヤー家には四人の男の子と二人の女の子がいる。ジェイミーが、後を引き取った。「初めて通わせた公文センターは、インディアナ州サウス・ベンドでした。長男が通っていた私立校から持って帰ってきたチラシで公文について知りました。説明を読んでみたら、これはうちの子にピッタリの学習法だと思い、すぐ入会手続きを取りました。サウス・ベンド以外にも、アリゾナのフェニックスと、いまのシアトルと三カ所の公文センターに通わせてきました。フェニックスの教室はいつもお菓子が用意されていました。学校からすぐ公文へ行くのでお腹がすいている子もいるんでしょうね」。

二人は、公文ペアレントとしての立場から公文式学習法のよさについて語った。

▽自分の力にちょうど見合ったところから学習を始めること

▽反復練習を繰り返して集中力を養うところ

▽自学自習で先へ進んで、可能性を追求すること。自分の学年より先へ進んでおけば、学校の授業は楽に頭に入る。自信が生まれる。ゆとりも生まれる

カレンは言った。「クリスマスでも、新年でも、誕生日でも、例外はないのね。子どもたちはいつでもどこへでも公文フォルダーを持って行って、自分のするべき量を毎日必ず学習します。習慣となっているから苦にならないみたいです。はたが思うほど本人は気にしてない。どの子も算数の成績はいつもクラスではトップ・グループに入っています」。

二足のワラジ

ジェイミー・モイヤーはペンシルベニア州の小さな町で育った。両親はクリーニング店を経営していた。朝から晩まで働きづめだった。両親は高校卒業と同時に働かなければならなかったので大学には行けなかった。音楽好きの姉と両親との四人家族だった。「生活は単調で平凡でしたね。両親は朝早くから夜遅くまで働きづめ。その姿を見て育ちました」。

野球が好きだった。小学校に上がる前から父親を相手にキャッチ・ボールをして、遊んだ。地元のソフトボール・チームでコーチをしていた父親は彼に野球の才能があると認めたのだろう。ジェイミーが八歳になったとき、迷わずにリトル・リーグに入れた。「そんなわけで、高校までずっとスポーツばかりで、勉強をするのは苦手でした。何とか高校を卒業出来る程度には勉強しましたが、大学受験を考えたとき、自分の成績を改めて見て、呆然《あぜん》としました」。

八四年にメジャーリーグにドラフトされた。しかし、マイナー・リーグに転落。辛酸《しんさん》をなめる日々を経験した。一念発起して、猛勉強した末、セント・ジョセフ大学(ペンシルベニア州)に入学した。すでにプロの野球選手としての生活が始まり、しかも父親にもなっていた。だが、その頃から選手生活も上向き、メジャーに返り咲いた。大学にこだわったのは、カレンと結婚した際、カレンの父親に「必ず大学を卒業します」と約束してしまったからだ。約束を果たさなければならない。たとえ状況が変わろうとも、「約束は約束」。ジェイミーはこういう点、愚直なまでにフォーレスト・ガンプ的なのである。

大学の主要科目の単位は、オハイオ大学の通信講座を利用したり、シーズン・オフに大学の授業に出席して稼《かせ》いだ。追いつくために夜学のコースを取り、追いつくと試験が待っていた。試験が終わればシーズン開幕。その上に、トレーニングや移籍問題も加わって、単位取得に時間がかかった。それでも、大リーガーと大学生の〝二足のワラジ〟をはき続け、一九九六年、晴れてインディアナ大学を卒業した。カレンの父親との約束を果たした。三六歳になっていた。

「ボクの両親ですか？　いまは、二人とも七〇歳を過ぎています。まだクリーニング店をやっています。現役です」。現役、という言葉に力が入った。ジェイミー・モイヤーは四四歳である。プロの野球選手としては若くない。しかしいまなお、現役である。相変わらず、スリムで精悍《せいかん》だ。「いつまでも競争する気持ちを忘れないことですね。相手との競争、仲間との競争、そして、何よりも自分との競争。自分との競争というのはたとえば、体に余計な脂肪や贅肉《ぜいにく》をつけない意志力のことです。意志を強くしていないと夢を追うことは出来ない。競争に打ち勝つ達成感が楽しいんです」「自分との競争は、公文の学習と同じ。毎日続けることが大切」とダメを押した。

大リーガーの選手であることは「公人」として社会に臨むことでもある。約束を守る、時間を守る、他人の悪口を言わない、汚い言葉は使わない。「公人」でいることは、「子どもたちの目」をつねに意識するということでもある。「子どもたちって、自分の好きな野球選手になりたいんです。だから好きな選手の背番号がついたTシャツを買ってもらって着るんです。野球帽を被るときの被り方だって好きな選手を真似《まね》る。手の動かし方やちょっとした癖まですっかり真似てみる。好きな選手がいると、朝起きてから夜眠るまでその選手になりきって行動している。それだけに、責任の重さを感じます」。

ロール・モデル（役割模範）

これはという選手はそれぞれのやり方で自分と戦い、自分と競争している。そういう点で、同僚の大リーガーたちから学ぶことが多い、とジェイミーは言った。「環境が人間の成長にとってどれほど重要なことか、そうした環境に身を置いてみると、実感します。素晴らしい選手たちと出会いました。ノーラン・ライアン、アンドレ・ドーソン、カール・リプキン。カールはそばにいるだけで勉強になる。だれでも調子のよい日も悪い日もあるでしょ。カールはいつも変わらない。嫌な面を見たことがない。誰もが見習いたくなるロール・モデルだと思います」。

モイヤー家の子どもたちはどうだろう。カレンが答えた。「選手であれば成績がよいときも悪いときもあるんです。ピッチングの切れのいいときも悪いときも。メディアにひどく叩かれることだってあります。もちろん誉められることもね。よくも悪くも、現実はいつも雪崩《なだれ》みたいに子どもたちの上に襲いかかってくるんです。だから一つ一つに一喜一憂して自分を失ってしまわないように、負けてしまわないように、自分で現実に向かい合い、それを受け入れるようにしてほしいと思っています。子どもは親を選べません。だから、親のできることは、細心の注意を子どもに払い、子どもが自信を付けられるよう手伝うことだと思っています」。

ジェイミーがいった「社会への恩返し」と「役割模範」の思想と発想は、実は米国の社会の成り立ちそのもの、米国の理念そのものと深くかかわっていると、今回、米国での The Kumon Way の軌跡《きせき》を追いながら思った。その理念は、第二次世界大戦後の米国社会を最も深いところで変えたと言われる「GI法案(Servicemen's Readjustment Act)」に凝縮している。GI法案は一九四四年、フランクリン・ルーズベルト(FDR)大統領が署名、発効した法律だ。一九四五年の終戦後、続々と復員してきた軍人が市民生活によりよく適応できるようにと、就職、住宅、教育などの補助金制度が始まった。

なかでも、大学教育助成(授業料、本、その他含め年間最大限五〇〇ドル)は大きな意味を持つことになった。その後、数百万人の復員軍人がこれによって大学教育を受けることができた。ブルーカラー出身の人々や黒人に高等教育に進む機会を与え、社会の躍進と安定の基盤ともなった。彼らは卒業後は、医者、弁護士、エンジニアなどの専門職(プロフェッショナル)に就いた。それは、米国社会の平等化と活性化を促す上で大きな働きをした。国のため戦場に赴いた若者に、政府は「教育の機会」を与えることで報いた。GI法案の恩恵にあずかった若者たちは、それに対して再び社会に恩返ししようという気持ちを強めたのである。教育は、慈雨《じう》なのである。モイヤー夫妻の言う「社会への恩返し」も「役割模範」も、こうした米国の市民社会の土壌に深く根ざした思想を映し出してもいる。

成功物語

モイヤー夫妻の子どもたちが学習しているシアトル市内の公文センターに行った。ユニバーシティ・ヴィレッジ公文センターである。この教室は、ジニー・アイアネリが主宰している。二階建てショッピング・センターの二階にある。入り口の脇に、父母のための待合室がある。学習に来た子どもたちをオフィスの入り口で〝チェック・イン〟させ、宿題を確認してその日の学習ワークシートを手渡すのはジニーの二人のアシスタントたち。公文学習の経験がある女子学生だ。ジニーの席は教室とオフィスの境目辺りにある。教室に来たときと帰るとき、生徒一人一人がジニーのところへ立ち寄れる配置だった。

「モイヤーさんの子どもたちは、いま三人ここで学習しています。あとにまだ双子のお嬢さんたちも控えています。彼女たちもいずれ公文学習者になるでしょうから公文式学習法とはまだまだ長い長いお付き合いになるってカレンが笑うんです」。アメリカで子どもが公文を始めるきっかけはさまざまだが、学校から勧められるケースが多い。授業に追いつけないと判断した教師は、家庭教師や課外学習システムを進んで勧める。

ジニーは、米国の女性の公文指導者の多くがそうであるように、つねにアップビートである。「センターを開こうと思ったきっかけですか?」「その話をするのは大好き。よくぞ聞いてくださいましたって感じね、成功物語ですから。写真を持ってきますから待っててね」。いそいそとその写真を取りに行ったジニーは、戻るなり、写真の中にいる少年を指さした。「私の息子のジェイミーです。ハンサムでしょ。いまニューオリンズのロヨラ大学四年生です(二〇〇四年当時)。GPA(全米の大学進学適正テスト)が三・九七でELSAT(法律学の検定試験)が九六パーセントです、素晴らしい成績でしょう。ハーバード大学とスタンフォード大学の法律専門大学院へ願書を出したところです。でもね、小学生のころのジェイミーは大変だった時期もあるんです」。

一一年前にさかのぼる。その日は火曜日だった。夜一〇時をまわったころ、ジニーは二階にある息子ジェイミーの部屋から泣き声がもれてくるのに気がついた。ジェイミーは小学校四年生だった。ジニーは二階に駆け上がった。「ボクはすっごく馬鹿なんだよ、ママ。算数が全然分からない。どうして算数が出来ないの、ねえママ」。ジニーはびっくりした。ジェイミーの成績を見る限り、父兄面談で担任教師と話す限り、そんな兆候はそれまでまったくなかった。しかし、彼の言い方がジニーを不安にさせた。「ボクはすっごく馬鹿なんだよ。クラス全員、僕よりずっと出来る。ボクはすっごく馬鹿なんだ」。

息子はいつからそんな劣等感を持つようになったのか。翌日、担任教師にジェイミーの状態を説明し、助言を求めた。書店へ行ってジェイミーが分からないと言った「ロング・ディヴィジョン(長除法＝わり算の筆算)」の載っている問題集を買ってきて息子と毎日一時間、一緒に学習する約束をした。だが、一週間も続かない。彼には難しすぎた。イライラが募《つの》り、親子喧嘩の日々が続いた。母親には、息子が、何が分かっているのか、何が分からないのか、を判断する手がかりがつかめなかった。

悶々《もんもん》とした思いを抱えながら、ある日、ジニーは息子を野球の試合に連れていった。ジェイミーは野球チームに入っている。そのチームにはアレックスという「天才数学少年」もいた。どこの小学校のクラスでも、かならずクラスきっての「天才数学少年」はいるものだ。アレックスもそういう子だった。ジニーはアレックスの母親の隣に座り、ジェイミーの数学の話をした。「アレックスは、Kumon で二年間ほど学習しているの……」。Kumon……? 当時、シアトルに公文センターはわずかしかなかった。アレックスの母親に連れられてジニーはそのセンターに行き、ジェイミーに診断テストを受けさせた。算数の学習で何が分かり何が分からないかが一目で分かるテストだった。

ジェイミーは「4A」からのワークシートが必要だと分かった。学校でそのとき習っている「ロング・ディヴィジョン」まで行くのには、その前の練習を相当積まなければならないことをテスト結果は指し示していた。ジニーもジェイミーも納得した。ジェイミーはそれから二年間ひたすら公文学習をした。そのうちにジェイミーが彼のクラスで〝天才数学少年〟になっていた。ジニーは彼女の「成功物語」を一気に話した。

「一貫性教育」の重要性

公文式では教材（ワークシート）の中身がきめ細かいのが特徴だ。生徒一人一人の「ちょうど」（ちょうどよい＝よく呑み込めている場所）をピタッとはじき出すためだ。一人一人が「ちょうど」からスタートして、算数なら計算の反復練習を通して単元で学ぶ意味を理解して行く。自分で理解する。こうして培われた一人一人の自信が確信に変わるのは、まだ学校でも習っていない内容や、さらに進んで自分の学年を超えた上級学年の学習内容に入るときだろう。

生徒たちの挑戦は、まずこれまでの反復練習で身に付いた〈よく分かっている、お手のものの〉やり方で計算を解いて行くことから始まる。少し先へ行くと、ワークシートはまったく知らない〈新しいやり方〉の例題を説明してくれる。ちょっと怖い気持ちのまま生徒は、まったく知らないやり方で解答へ導かれる実験学習に取りかかる。それも繰り返すうちにコツが分かりかける。そうなると〈新しいやり方〉で計算する反復練習の載ったワークシートが生徒に配られる。

反復練習をするなかで生徒は〈新しいやり方〉とは〈よく分かっている、お手のもののやり方〉を一歩進めた考え方だと納得出来るようになる。数式が複雑になる場合もある。しかし、解答へはどの方法でも辿り着けることを生徒は知っている。一つの計算問題を解くには、幾通りもの解き方があり、より便利な方法を知っていれば、解決するのに時間も手間もかからないと実感できる。

例えば、2を五回足し算する。2を五回分足す足し算を使っても、2を五倍するかけ算で算出しても答えは同じである。だが、かけ算を覚えて使えれば、同じ結果を得るのに時間も手間も短縮できる。米国の人々も社会も、精神主義では動かない。大人も子どもも、費用対効果をつねに考える。その点、公文式の「最小の努力で最大の成果」は受け入れられやすいのではないか。ただ、その「最小の努力」は、日々、それを続けることが前提である。日々、自分との約束を守るかどうか、がカギである。そのために一番いいことは、それを習慣にしてしまうことである。

モイヤー選手夫人のカレンは公文をするようになってから子どもたちが変わったと言った。「誕生日でもクリスマスでも夏休みでも新年でも、同じなんですよ。こちらがひとことも言わなくても、子どもたちはまず公文の学習を済ませ、それから遊びを楽しむようになっています」。もう一つ、公文式が米国に受け入れられたのは個々人のニーズにちょうど合った形での、自学自習、自助努力という思想かもしれない。これについては多言を要しないだろう。その際、公文式は「解に行き着くには複数のアプローチがある」点を大切にすることも加えていいかもしれない。私はややせっかちに公文式を理念化しすぎているかもしれない。ジニーの教室に戻ろう。

ジニーは、いまの、米国の教育現場の問題点を次々と口にした。「アメリカではいま公立・私立の別なく、各学年で学習する授業内容を小学校から高校まで比べているところですが、数学も、国語(英語)も授業内容は、学校ごとにてんでんバラバラの自由裁量で、共通項がないまま進める傾向が一段と広がっていることが分かりました。米国の強みはモビリティ（人々が機会を求めて自由に、果断に移動する性向）だと言われてきましたが、子どもの教育を考えるとそれさえ近ごろは難しくなりつつあります。同じ州の公立校でさえ転校すると生徒は面食らってしまうのです。断絶がありすぎて、授業に参加できないという話も聞きます」。

所属チームが変わり、各地を転々としたモイヤー夫妻は、その中で公文学習だけが唯一の「一貫性教育」だったと言っていたが、決して的はずれではないようである。ジニーは続けた。「それに、小学校から中学校へ上がるときもまた断絶があるのです。州内の小学校も学校ごとにバラバラ。そこで教育された子どもが中学校に上がっても、その現実をどうするかはおかまいなしに、中学校は中学校でそれぞれの考え方やプログラムで勝手に授業内容を組むので、またバラバラ。苦労するのは生徒たちです」。

「事態をさらに悪くしているのが、いまの各州の試験制度です。つまり、全州一斉学力テストです。教師も小学校から〝受験のための授業〟をせざるを得なくなり、授業を理解できない子ども一人一人にじっくり時間をかけて教えたり面倒を見ている暇がないのです」。担任教師は、自分の受け持つクラス（平均二〇名以下）に試験結果の悪い生徒が何人いるかという〝数〟を気にする。その数が多ければ、自分の教える能力に疑問符がつけられるからである。しかし、落ちこぼれを出さないことばかりに心を砕《くだ》いていては、全体の試験結果がずり落ちてしまう。そうするとそれも自分の教える能力を疑われかねない。ジニーは、公立も私立も、教師も親も、受験圧力を感じており、教育現場は受験を軸にまわり始めていると言った。その結果、教師はゆとりを失い、生徒は気が付けば取り残され、できる科目とできない科目の差が極端に広がり、同じ科目の中でも〝偏食〟傾向が強まってきているというのである。

ちょっと前のことだが、シアトル市内のある名門私立小学校へ通う小学校四年生の女子生徒の母親が、真っ青になって、ジニーの許《もと》に飛び込んできた。母親はクラスの担任教師から、こう言われたのだという。「来年四月にテストが控えていることはご存じですね。言いにくいことですが、お宅のお嬢さんはいまだにかけ算が分かっていませんから、お宅のお嬢さん一人につきっきりで教えるわけにはいきません。私は教室の生徒全員に責任を持っていますから、子どもがかけ算も分からないのに気付かず放置しておいた親の責任を少しは感じていただきたいと思います。試験までには、かけ算の計算、かけ算を使った応用問題が解けるような力を、家庭教師をつけるなり親がしっかりと学習させてください」。

ジニーはすっかり落ち込んでいる母親を励ましつつ、答えた。「それなら公文式は打ってつけ。計算問題の反復練習でかけ算が分かるようになります。心配しないで大丈夫」。

ジニーは、私に言った。「名門私立小学校だから、授業進度もなにもかも優秀児に合わせているのでしょう。優秀児ならスラスラ解けても、普通の生徒は理解できないまま授業が超スピードで進んでしまうのでしょうね。名門校にはよくあることです。私のセンターに入会してきた生徒のなかにも犠牲者がいますが、名門私立の偏重教育にはびっくりさせられます。引き算がスラスラ出来る小学二年生が私に、「先生、8たす4はいくつだったっけ」って聞くんですから。あらあらこれは大変だわって思いました」。

過熱する一斉学力テスト

九〇年代から一〇年以上、米国は教育改革に次ぐ教育改革に追われた。米国の教育は高等教育（大学・大学院）では世界に冠たる地位を依然、占めているが、初等教育（小学校）や中等教育（中学校・高等学校）では課題が多い。労働環境における競争と変化が一段と激しくなり、その中で、社会的な〝落ちこぼれ〟が構造的かつ慢性的になっていく危険は、すでにレーガン政権の時の報告書にも示されている。「現在の世界は、労働環境が激しい競争と変化に見舞われ、かつてないほど危険に満ちた世界になったと同時に、競争や変化に屈しない者にとっては、以前には考えられないほどのチャンスに満ちた世界でもある。そのような世界の中で、教育改革の最終目標は「学びの社会」をつくり出すことに重点を置くべきである」。

「学びの社会」の背景には、グローバリゼーションと技術革新によって労働環境が絶えず変化し続けるため、社会人である限り生涯、学び続けなければならない状況が生まれてきたとの切実な認識がある。そのために、学校での基礎教育がますます重要になってきたのである。その土台の上に、それからの長い「学び」を構築することができる。それによって「学びの社会」の中で自分の可能性を試し、目標を達成する道を切り開いていくこともできる。報告書は、次のように述べている。「教育は、単に出世に役立つだけというだけではなく、人生そのものに付加価値を与えるものとして重要なのだ……(学びの社会には)一般家庭や会社、図書館やアートギャラリー、美術館、科学センターなど、さらに言えば、個人が仕事や人生の中で成長し、成熟していける場所すべてが含まれている……若い頃に受ける正規の学校教育は、人生を通じて学び続ける上で欠かせない基礎である。しかしながら、生涯学び続けることをしなければ、人間の能力は、すぐに時代遅れのものとなってしまうだろう」。

クリントン政権もブッシュ政権も、教育を重要な政策として掲げてきた。クリントン政権は、一九九七年の一般教書では、次のような教育改革目標を掲げた。

▽基礎学力としての英語と数学の学力向上
▽四年生の国語（英語）、八年生の数学の新しい統一試験の実施
▽すべての基礎科目（英・数・理・社）の学力向上
▽優れた先生の育成、幼児教育の重要性、親による公立学校の選択と責任（アカウンタビリティー）の枠の拡大

クリントン政権は一九九八年から、小学校三年生までの低学年の学級定員数を一八人にする「少人数クラス化計画」を七年かけて実施することを決めた。「最近の調査研究によると、子どもたちは少人数クラスで優秀な教師に教えられると学習能力が上がり、低学年の時に少人数クラスで学んだ子どもの方が、高校卒業まで成績がよい、ということが立証されている」（クリントン大統領＝当時）という一部地域での実績を踏まえたものである。連邦議会は超党派でこれを支持、一九九九会計年度に二万九〇〇〇人の教員の増員のため一二億ドルの財政支出を行った。

一方、ブッシュ大統領は二〇〇一年の就任直後、〝No child left behind〟（どの子も落ちこぼれにさせない）の教育戦略を発表した。それは四本柱から成っている。

▼学力テストの実施と結果公表
▼州と地方の裁量拡大
▼基礎学力（読解力中心）向上政策への集中投資
▼教育機会の選択拡大（学校選択、バウチャー制度）

こららの政策はその後確実に実施されてきたが、その結果、生徒たちがテスト漬けになる、裁量が増

えても予算がついて来ない、選択肢が増えても受け皿が不足している、などの問題が指摘されている。

シアトル市のあるワシントン州は、四年生、七年生、一〇年生のときＷＡＳＬ（ワシントン州学業習熟度テスト）と呼ばれる一斉試験を全生徒に対して実施している。四年生の場合、英語読解力、英語聞き取り、算数、英語聴解力をテストする。もともとアメリカには、連邦政府が主導する全米学力一斉テスト（一九六九年開始）があった。しかし、教育は連邦政府ではなく地方自治体が責任を持つべきであるとするレーガン政権以来の教育の分権化の流れに加えて、ブッシュ政権の教育改革の柱の一つである州による学力テスト実施が義務づけられたことから、〝受験戦争〟は激しさを増している。

二一世紀、米国は中国とインドの挑戦を正面から受けることになるだろう。二〇〇一年、インドの大学卒業生は米国の大学卒業生を一〇〇万人以上も上回った。中国の大学卒業生は米国のすでに二倍、技術専攻の卒業生の場合、六倍に達している。しかし、問題は数ではない。最大の問題は、米国社会において、子どもに教育を受けさせることができる層とできない層との間の二極分解がさらに進んでいることだろう。高校卒業生のうち、四年生大学、コミュニティー・カレッジ、技術学校に進学できるのは半分しかいない。残りは社会で働くことになる。しかし、彼らが社会に出ても、年間平均所得は二万五〇〇〇ドルである。これでは家族を養うことは難しい。五人家族とすると貧困層ギリギリになってしまう。もし、その層がヒスパニックであれば稼ぎはもっと少ないし、黒人層になると、さらに少ない。中途退学者となるともっと悲惨である。仕事にありつけるのは彼らの四〇パーセントに過ぎない。高校に進学した友だちより四倍も犯罪者になる可能性が高まる。その多くは一〇代で親になる。四人に一人は福祉家庭になってしまう。ＩＴによるデジタル・ディバイド（情報格差）は教育格差をさらに押し広げ、それがまた、機会格差と所得格差を拡大する。

米国の高校生の学力低下に強い危機感を覚え、自ら「ビル&メリンダ・ゲイツ財団」をつくって、学力向上のための教育改革に乗り出したのがマイクロソフトの創始者、ビル・ゲイツである。彼は、「明日の労働力を今日の高校の授業内容で訓練しようとするのは、五〇年前のメインフレームでもって今日のコンピュータを教えようとするようなものだ」と言う。ゲイツの財団は、一〇億ドルを米国の高校の「新仕様」に切り替えるため拠出し、高校教育改革運動に乗り出している。そこでは、次のような新しい「三つのR」を指針、原則に据《す》えている。

▽Rigor(厳格さ…大学進学か就職かどちらにしてもそれに備えることができる科目と授業内容科目を全員に与えること)

▽Relevance(目標との関連…彼らの人生と目標に意味ある形で関係する科目と授業内容を与えること)

▽Relationships(関係…大人たちが生徒たちに関心と注意を払い、彼らの目標を達成するように、支え、励ますこと)

自学自習のしつけ、「ちょうど」の目標と最終教材到達のイメージ、教室指導者と親と生徒による共同作業、といった公文式のエッセンスと相通ずる理念と原理がそこには読みとれる。

「日々コツコツ」

米国の教育現場の混乱はまだまだ続きそうである。クリントン、ブッシュ時代を通じて、アメリカでは、公文式学習という教育サービスに対する社会的なニーズが高まっている。全米で増え続ける公文センターの数がそれを如実に物語っている。しかし、同時に、公文センターの現場は新たな課題に直面している。

まず、公文式の学習教材と学習内容が学校の教科書とは違って個人学習用にピンポイントで提供されるため、学校の授業に追いつくまでは生徒も親も熱心に取り組むが、いったん学校の授業に追いつくとたんに不熱心になる。一年間ほど在籍して辞めてしまう例が少なくない。そうした場合、スポーツもやり、稽古事もやり、コンピュータもやり、この上さらに公文の宿題をやるのはとてもきついというのがおきまりの理由である。継続は力なり。たゆまず続けることで自学自習を身に付けさせようという公文式の理念と実践は、まだ十分に理解されたとはいえない。州による学力一斉テストも子どもに本当の学力をつけさせる上でマイナスに働きかねない。ジニーはそうした状況をきわめて的確に分析し、それが公文センターの展開や経営に及ぼす意味合いを深く考えていた。

その中で一つ、ジニーの次の発言に私は衝撃を受けた。ジニーはこう言ったのである。「何もかもペースが速すぎると思います。シアトルは特にそうです。息子のジェイミーや娘のサラの友だちの父親で、億万長者になった人がいます。本当に一晩で。マネーゲームです。でもその後、あっという間に全財産を無くした。こういう話を子どもたちが交わしているのです。そういう現実がそこらにゴロゴロしているからです。そこからうちの子どもたちもいろいろと学ぶのでしょうけど、全般的な空気は、「チャンスが来たら何はともあれ摑《つか》んでしまえ」という刹那《せつな》主義です。いつもいいときにいい場所にいられるわけじゃないから、ってね」。シアトルにはマイクロソフトの本社もある。シリコン・バレーとともにニューエコノミーの有力な拠点でもある。そこでの経営文化やライフスタイルは、ドッグ・イヤー（圧縮され、凝縮された時間と人生）という言葉に象徴される、落ち着きのない略奪的な性格を帯びやすいと言われる。ジニーは、そのことに言及したのである。そして、ジニーは公文式学習にとっては、こうしたメンタリティが最大の壁だと思うと述べた。

公文式学習は、「日々コツコツ」の心の持ちようとそれを尊ぶ家庭、社会環境がないと育ちにくい。米国人でもアジア系のルーツを持つ生徒の場合には「日々コツコツ」は文化的に受け入れられやすい。しかし、シアトルのように白人が圧倒的なコミュニティで「毎日一〇分間の公文式家庭学習の意味」を身近な例を引いて嚙んで含めるように説明しても、親を納得させるのはなかなか骨なのだ、とジニーは言った。

生徒数の多さの秘密

「ここにいるとセンターを開いたのはまだ昨日のことのような気がするんです。気が付けば、開設からずっとここで学んだ生徒たちがもう大学生になっている。最初は幼児で入会したのに……。自分がひどく年老いたような気がすることがあります」。クリスティーン・チャンが主宰するデイリー・シティ公文センターはサンフランシスコにある。一九八〇年開設。世界各国・各地域にある公文センターのなかでも、クリスティーンのセンターは生徒数の多さで知られている。彼女が主催する二教室を併《あわ》せると、生徒数は一〇〇〇名を上回る。

クリスティーンは台湾から米国・サンフランシスコへ移住した移民一世である。父親は国民党の軍将校だったが、国共内戦で蔣介石《しょうかいせき》の国民党が敗れたため中国から台湾へ逃れた。誇り高く、厳しい父親だった。娘に対する教育も厳しかった。「父は決して言い訳をするんじゃない。失敗の理由をしっかり探し出しそれを正して、それからもう一度やり直せと、私に教えました」。台北の小学校時代のことだ。クリスティーンの学年には、一クラス平均六〇名から七〇名の生徒がいた。担任の教師は一人一人の生徒の名前を覚えるのが面倒くさかったのか、生徒を背の順に並べ一番から七〇番近くまで背番号をふるように名前ではなく番号で呼んだ。クリスティーンは背が高かったから彼女の名前（番号）は、六〇番から七〇番の間になる。刑務所や収容所ではあるまいし……番号で呼ばれるのは嫌だった。それにクリスティーンは近眼だった。背の順で後ろの方の席に座らされると、黒板がよく見えない。白墨の文字も数字もかすんでよく見えない。家は決して裕福ではない。メガネを買ってと父親には言えなかった。「言い訳は言うな」と言われていたこともあった。黒板がよく見えないから、算数も分からない。それでも黙っているしかない。彼女はそんな身の上話から、話し始めた。

クリスティーンが主宰するデイリー・シティ公文センターは、週に二回、きっかり午後の三時半から始まる。一時間少し前からアシスタントがセンターに集まってくる。ここの制服になっているロゴ入りTシャツに身支度《みじたく》を整えて、担当する準備を済ませて所定の位置に付く。教室も事務所も待合室も広かった。父兄の待合室はどことなく病院の待合室のようだ。壁にはさまざまな公文情報が貼ってある。開始時間までまだ三〇分もあるというのに、生徒たちはもうドアの前に並んでいる。親も一緒だ。

三時半きっかりに、カギを持ったアシスタントがドアを開けた。なだれ込むように生徒たちが玄関ホールへ入ってきた。チェックイン・カウンターの前に長い列を作る。カウンターの中にいる三名の女性アシスタントが、引き出し式になっているファイル棚から、一人一人のファイルを出し宿題を確認して、その日学習するワークシートを手際よく手渡していった。玄関ホールから教室(五カ所)へ向かう広い廊下には、真ん中に線が引いてあった。つまりここでは右側通行。教室へ入る生徒と教室から出てくる生徒がゴッチンと鉢合わせしないように、通行路が決めてある。次から次へと、ワークシートを受け取った生徒たちが、競歩の選手みたいに足早に教室へ入って行った。

アシスタントの座る位置は、進度別に別れている。彼らのほとんどが公文学習の経験者である高校生や大学生だ。机の周りに常時四、五人の生徒が座っている。生徒は学習し終わったワークシートを採点してもらうためにアシスタントに手渡す。彼らは採点しながら注意も与え、目の前に座っている子どもたちにも目を配っている。個人別だから、一人一人のワークシートも算数あり国語(英語)ありで進度もさまざまである。国語にとりかかっている生徒に音読させたり、数学を解いている生徒の鉛筆が止まっていれば、それとなくヒントを与える。

クリスティーンは子どもたちの動作のどんな小さな動きも見逃さない。算数でつまずいている生徒の手の動き、入り口からステップをしながら駆け込んでくるおしゃまなフィリピン系の幼児のドレスのレースも、数字盤の前で数字感覚がつかめず泣き出しそうになっている生徒の指も、すべて見ている。クリスティーンは指導者にとって一番大切なことは caring(相手のことをよく考える気持ち)であると思っている。caring とは、一人一人の生徒の心を読みとり、心に届く言葉をかけることなのかな、と私はクリスティーンを見ながら思った。

教室で少年が一人泣いている。クリスティーンは小走りに歩み寄り少年をしっかり胸の中に抱きしめた。右手は少年の背中をやさしくさすっている。しゃくり上げながら少年は「迎えの母親の姿がまだ見えない」と裏口を振り返りながら不安を訴える。「大丈夫、大丈夫」そう囁《ささや》くクリスティーン。「泣いている子どもは、実はとてもたくさんのサインを発信しているんです。ですから、また泣いてる、しょうがないわね……と感情的にならず、まず正面から受け止め、話を聞く。障害のある子どもたちの指導にも通じるところかもしれません」とクリスティーンはいった。

北米公文は、教室の指導者用に生徒の学習記録を保存するための専用コンピュータ・ソフト(CMS2)を開発している。しかし、クリスティーンはそれよりはるか前から独自に生徒たちとの「学習の記録」を詳細にファイルしてきた。指導者と生徒との毎回のやりとり、フィードバックからどれだけ指導者が学ぶか、生徒が多ければそれだけフィードバックから学ぶ内容も多様になってくる。それに加え、一人一人に対する行き届いたcaringがクリスティーンのファイルを彼女の宝ものにしてきたのだろう。

数字盤の前にいた小学校低学年の女生徒が参観している私の方をチラチラ見る。両手に二個ずつ異なった数字を握りしめている。円形の数字は日本の五〇〇円玉サイズだ。数字の感覚がつかみにくいらしい。作業中の数字盤(1から50までの数字)は、数字の順番もゴチャゴチャになって途中で手が止まっている。数字を同じ桁数ごとに一〇個ずつのグループにまとめる(10から19まで。20から29まで、30から39までといった具合に)ヒントをそぶりで伝えてみた。すると彼女はつっかえながらも数字のグループ分けを始めた。だが、そこから先へ手が進まない。

今度は、同じ桁数のグループに分けた数字を、数字盤に書いてある文字の上に順番に置いて行ってはどうだろうとそぶりで伝えた。彼女も私もパントマイムのように無言のまま会話している。今度の彼女の動作は速い。さっさと順番に並べて行く。ワークシートで何回も学習した数字の順番が、目の前の数字盤と一致したのだろうか。誰にも教わっていません、自分が一人でやっていますというふうに、彼女は最初からもう一回始めた。ストップ・ウォッチを押す表情が真剣だ。どんどん進む。最後の数字を置くと、彼女は素早くストップ・ウォッチを止めた。それからニッコリと私を見上げた。

どこのセンターを見学しても感じたことだが、数字盤は生徒、とくに低学年の生徒が好きな楽しい作業らしい。何回もやりたがる。おそらく作業速度をストップ・ウォッチで測るのもゲーム感覚で心地いいのだろう。自分の中の確かな変化、つまり進歩を見逃さないように自分でしっかりと確かめたいのだろう。数字盤を片づけながら、彼女は照れたような表情をした。そして、私にハイ・ファイブ。ちょっと汗ばんだ小さな手のひらが私の右手の中で、パチンと小さな音をたて誇らしげにはじけた。

第8章
生涯教育と学習療法

英語を学習する辻チトセさん

「ふれあいの里　道海」

少しか細いけれど、弾《はず》んだ声が廊下《ろうか》から聞こえてきた。しばらくしてサロンエプロンを腰に結んだ女性が一人、両手で車椅子の車輪を回しながら廊下から学習室へ入ってきた。辻チトセだ。二つある学習机のどちらへ座ろうかしらと一瞬考えるようにキョロキョロっとしてから、チトセは「サンキュー」と言いながら私が立っている机の方へ車椅子を転がしてきた。

「チトセさん、きょうは、曜日と干支《えと》を学習しましょうか」。指導者役の学習スタッフが声をかける。ニッコリしたチトセは、車椅子の上でスッと背筋を伸ばす。Ａ４版ほどの文字カードを学習スタッフは手に持った。「Sunday, Monday, Tuesday, Wednesday, Thursday, Friday, Saturday」。カード一枚に英単語が大きく一語、書いてある。チトセは迷う気配もなくどんどん読んで行く。次は干支を英語で答える学習だ。カードには、干支にちなんだ一二種類の動物の絵が描いてある。チトセの首がクルクルとカードの上を動き回る。左目をカードのそば三センチほどまで近づけ確認している。右目の視力が弱く左目が頼りらしい。それでも眼鏡は使わない。絵が判別出来れば、英語はスラスラ口をついて出る。

ここは社会福祉法人「道海永寿会」の老人保健施設「ふれあいの里　道海《どうかい》」（福岡県大川市大字道海島南新開八五九）にある三カ所の施設の一つ、特別養護老人ホーム「永寿園《えいじゅえん》」である。園内三カ所の施設すべてで、公文式の学習療法が行われている。軽度から重度の認知症《にんちしょう》患者の高齢者が学習する。「永寿園」園長は山崎律美《やまさきりつみ》（五七歳）、「ふれあいの里　道海」の創設者の娘である。

ここに入園するまで、チトセはずっと農業をやってきた。チトセは、一九〇三（明治三六）年生まれ。一〇〇歳（当時）を超えた。「学校はあまり行かんやった。だからいま習う英語は楽しくて、ばさらかな（たくさんの）英語を覚えました」。英語学習を始めたのは「ふれあいの里 道海」へ来てからだ。公文式の学習療法への参加を誘われ、九九歳から英語学習を始めた。それまで英語で知っている単語といえば、「数はワン、ツー、スリーまでは知っとたばってん、その先は何ちいうか知りまっせん。あとA、B、Cまでは知っていました……」とチトセは笑った。いまでは自分でも数え切れないほどたくさんの英単語を覚えてしまった。普通に話すときと英語で発音するときでは、チトセの声の大きさが違うことに気がついた。喋《しゃべ》るとき、声はボソボソ、ヒソヒソと出すチトセが、英単語を発音する段になると急に声の調子を上げて大きな声を出す。口も大きくあけ、はっきりと動かす。

入園した当初、変形性脊髄症《へんけいせいせきずいしょう》や高血圧症など慢性疾患《まんせいしっかん》に悩まされ、病院への入退院を繰り返す状態で要介護度は2と診断された。要介護度は五段階に分かれている。1が一番軽い、5が一番重い。

チトセは、家族には黙っていたが、それまでずっと勉強がしたいと思っていた。しかし、農作業をしてきたチトセには、稽古事やカルチャー・センター通いは無縁だった。だから、永寿園の山崎律美園長から、「ふれあいの里 道海」で始まる公文式教材を使った学習療法への誘いを受けたとき、チトセは内心うれしかった。二つ返事で参加を決めた。

最初は、算数と国語の二教科から学習を始めた。算数は一桁の足し算から。国語は小学校一年生レベルから。公文式が求める毎日学習という約束を守った。少々の疲れくらいでは、弱音は吐かない。言い訳もいわない。九九歳の誕生日を目前に控えていたある日、学習スタッフの一人がチトセに言った。「日本語は、あ、い、う、え、お……と五〇音あるでしょう。英語はA、B、Cと二六音だけなんです」。チトセの目が輝いた。「はぁ、そげんですか。初めつ知りました。先生、教えてくださらん」。

学習療法の研究では「読み・書き・計算」の学習継続が基本で、英語学習はその中に想定されていなかった。それに算数と国語の学習に加え英語まで手を広げると、チトセの体力が持つかどうか、スタッフは心配した。でも、チトセは諦めない。彼女の熱意に押し切られる形で、英語学習が始まった。

「食べもんの英語はすぐに覚えてしまう」

アルファベットはすぐに書けるようになった。だが、単語の発音に苦労した。CDに吹き込まれている(英語を母語とするネイティブの)模範的な発音が聞き取れない。視力の低下も進んでいる。そこでスタッフは、チトセに英単語の発音を理解してもらおうと、単語の発音をカタカナ書きにして紙に大きくマジックで書く方法を試した。そうこうするうち、学習時間は増えて行く。ときに二時間を越えた。これではチトセの体力が持たない。スタッフたちはチトセには大好きな英語だけを学習することに決めた。

英語だけを学習するようになったチトセの変化は目覚ましかった。毎日、新しい英単語を五個ずつ学習する。翌日には、その五つの単語をすべて暗記して学習室へやってくる。そして、「きょうも新しい単語を教えてください」と意欲満々である。九九歳で英語学習を始めたとき、チトセは、「一〇〇歳までに一〇〇個の単語を覚えましょっね」と自分にも周りにも誓《ちか》った。三カ月で、生活の中で使える身近な英単語を一〇〇個覚えた。チトセは復習を欠かさないが、忘れる単語はある。すると忘れた単語をまた復習しながら記憶に刻み込む。そうやって英単語の語彙数を少しずつ増やして行った。

そのうちチトセの様子に変化が生まれて行った。それまでよりはっきりと、周《まわ》りの人々と意思疎通するようになった。例えば英語学習で単語を大きな声で発音するチトセを見て、指導者は惜しみなく励ましの拍手をする。するとその度に、チトセはちょっと恥じらうような表情を浮かべるようになったのだ。学習を毎日続けることで、脳が活性化され、高齢者がすっかり忘れてしまったり、失いかけていた、さまざまな感情や感覚が呼び覚まされるのだろうか。いつしか、チトセの要介護度は2から1へと下がっていった。

今日の分の、干支カードの学習も終わりに近づいている。学習スタッフが、頃合いを見計らってチトセの耳元に自分の口を近づけた。「昨日話したでしょう。覚えてますか。こちらは英語が話せます。チトセさん、会話をしてもらいましょうか」。その途端、チトセの表情がパッと輝いたように見えた。だが、テレているらしい。車椅子の上で彼女は急に体を前に傾けた。スタッフに許可をもらって、私はチトセの左耳の耳元で声を張った。

"What is your name?"（お名前は？）

"My name is Chitose Tsuji." "Nice to meet you. How are you?"（辻チトセです。お会いできてうれしいです。ごきげんいかがですか）

力強い声だった。学習スタッフが大きな拍手と笑顔で励ます。もっと会話をしてほしいというチトセの瞳《ひとみ》が私を見つめた。「好きな英語の言葉は何ですか」と英語で聞いてみた。だが、チトセは戸惑いの表情をした。そこで、ゆっくり日本語に切り替えて同じ質問をした。するとチトセははっきりと英語で答えた。

"Corn, egg."（とうもろこし、卵）

チトセは言った。「昔はとうもろこしは家で作っていたから、甘くて大好きだった。ここに来てからはめったに食べられん……」「食べもんの英語はすぐに覚えてしまう。味を知ってるから……」。

歌が好きだというチトセに何か歌ってくださいと頼んだ。うれしそうに「ＡＢＣの歌」から立て続けに二曲を披露《ひろう》してくれた。チラッと時計に目をやると、学習を始めて一五分以上が経っている。ずっと大きな声で発音していたせいだろうか、チトセの表情に疲れが見える。スタッフは、そうした変化を見逃さない。「じゃ、今日はここまでにしましょうか。明日、またやりましょう」。その言葉に頷《うなず》くと、チトセはそそくさと荷物をまとめ車椅子の向きを変え始めた。付き添いを呼びましょうというスタッフの勧めにも、大丈夫と笑う。それから私を振り返って、言った。「サンキュー、サンキュー・ベルマッチ」。その笑顔に、思わず私はチトセの手を取った。

春日園

永寿園で公文式を高齢者に勧めた山崎も、彼女自身が子どもを公文式教室に通わせた公文ペアレントだった。二人の息子は小学校入学から公文式学習を始めた。その彼女が、我が子以外にも公文式教材を学習させてみてはどうだろうかと考えたのは、もう二〇年以上も前のこと。佐賀県佐賀郡大和町にあった知的障害児施設、県立「春日園」で仕事を始めたばかりの頃だった。

山崎は千葉県の淑徳大学福祉学科を卒業すると、まず福岡の中途失明者厚生施設で経験を積んだあと春日園に赴任した。春日園では、子どもたち全員が共同生活をしていた。だが、職員（先生）と子どもたち(生徒)との関係を見るうち、山崎の気持ちは暗くなった。生徒は自分の子と同い年くらいである。

春日園で山崎は家庭学習を担当した。宿題を生徒たちにさせなければならない。だが、学校から持ち帰る宿題は、どの子どもにも手に負えないほど高いレベルである。山崎は何度となく生徒たちが通う学校の教師たちにかけあったが、一向に埒《らち》があかない。それなら工夫するしかない。山崎はふと息子たちが学習していた公文教材を思い出した。息子ふたりは、福岡県大川市の大川一木教室(教室指導者、中村《なかむら》春子《はるこ》)へ通っていた。

自分の子どもたちには、「自分の背丈になるくらいまで、教材をやんなさい」と励ましてきた。学習済み教材は紐で結わえて押し入れに入れてある。引っぱり出すと、山崎はその教材を畳の上に立ててみた。ゆうに一三〇センチはある。「でも、春日園のコピー機は使えません。公文の地域事務局員(社員)に無断で教材を使うことがバレるのも困ります。障害児が学ぶことに理解を示す職員からボランティアを募り、手書きで問題を書き写しました」。

周囲は冷たかったが、夜の学習時間の三〇分間を使い、五人の生徒から学習を始めた。公文教材一〇枚分(裏表の問題すべて)を生徒たちが使うノートに書き写しては学習をさせた。全問が正解になったらノートに大きな丸を書いて返す。子どもたちの表情が徐々《じょじょ》にほぐれていった。開始から一カ月経ったある日、山崎は生徒たち全員の成績結果をデータにまとめると公文佐賀事務局の永井事務局長(当時)を訪ねた。山崎はデータを見せながら頼んだ。「春日園で、公文式をやりたいのですが……」。

学習療法ケース・スタディー

公文の協力を取り付けると、山崎は春日園とも協議を重ね、一九八四年四月から生徒全員参加による春日園での公文式学習(導入)をスタートさせた。学習による生徒の変化は驚くほどだ。職員の生徒を見る目も変わって行った。当時を思い出して山崎は私に、「こんなに出来るンか。感心、感心……なんて声をかけてくれるようになっていきました」。そんなふうに誉められたら子どもたちも嬉しい。先生からもっと誉められたい一心で学習に力が入る。そうするとおなかがすく。食事も進むから残飯が減っていった。山崎は、公文式が勧める個人別学習法の効果を確信するに至った。「面食らったのは、公文の社員たちや社長さんまで学習しているところへ見学に見えたことです。自分たちが広めている学習法の効果にびっくりされて。逆にこっちが驚いてしまうくらいでした。思わず、いろいろなデータがあるでしょうに、ご自分たちがなさっていることにまだ自信が持てないのかしら……ってね」。春日園での経験から、これなら、障害児だけでなく認知症の高齢者にも公文式を使った学習法が使えるのではないか、山崎はそう直感したという。

一方、東北大学に籍を置く脳科学専門家の川島隆太《かわしまりゅうた》教授は、一九九七年に雑誌『宝島』に脳の働きに関する記事を寄せた。そのなかで、「脳を鍛《きた》えるトレーニングには「公文式学習」などが良いかも知れない」と公文式学習法に触れた。川島は、テレビゲームをしているときよりも一桁計算のような簡単な計算の方が脳が活性化することはすでに実験でつかんでいた。そして、読み・書き・計算といった簡単な学習を継続することで脳が活性化されるという仮説を実験結果から立証したい、と川島は思っていた。

そんな川島のもとへ、雑誌記事を読んだという公文教育研究会のある社員から連絡が入った。「実は公文式学習法の〝読み・書き・計算〟を継続することが、何らかの意味で脳の活性化にも役立つらしいという事例は我が社にも寄せられています。しかし如何《いかん》せん学問的見地に立った研究論文はまだないようです。公文式の学習教材をご研究の材料にして戴き、読み・書き・計算が脳の活性化になにか役立つらしいという研究論文をお書きになるお気持ちはありませんか。私たちに何かご協力はできないでしょうか」。願ってもない提案だった。一九九八年、川島は自分の研究チームに公文の協力者を加えた共同研究チームを立ち上げた。

山崎と川島が会ったのは二〇〇一年である。話は弾んだ。山崎は認知症が進み始めた高齢者の脳をもう一度活性化するには、個人別学習というやり方しかないだろうと感じていた。川島も同様だった。その場で、川島の研究を山崎の施設で行うことを決めた。研究への協力者は認知症の高齢者となる。最初は、研究チームの職員も公文社員も手探りで始まった。二、三カ月経った頃から、効果が表れ始めた。現場からの報告を受けた川島は、「信じられない」気持ちだったという。学習結果のデーターは詳細にいまも記録されている。脳科学の視点に立った新たな学習療法ケース・スタディである。

「役割さがし」と「役割づくり」

「ふれあいの里 道海」の二階の窓からは有明海が見える。五月になると、ここでしか採れない〈えつ〉という旬の魚があがる。身の薄い魚で刺し身にするとその白身がうまい。五本ほど釣り糸をたれ土手で昼寝をしている人の姿も窓から見える。

学習療法に参加している高齢者たちは個人別の学習をする過程で、失われ、忘れた感覚や感情を少しずつ取り戻してゆくという。山崎が私に言った。「尿意を思い出すようになるんです」「尿意を……ですか?」「学習療法をしているお年寄りさんの中でも認知症のある方々は、尿意自体を忘れていることがよくあります。ところが毎日、学習療法を続けていると、周りとコミュニケーションをはかれるようになるんです。だから何をしたいですか。「おしっこですか……」と聞けば「はい、おしっこしたいです」と答えられるようになってくるんです」。

学習者は数カ月経つと、自分から「トイレに行きたいなぁ」と言ったり、自分から行動するようになるという。そうやって人間生活に不可欠な感覚を思いだしたり取り戻したりしながら、一人で行動出来るまでに機能を回復させて行くのだという。「寝たきりで、命の火が消えるまでただそこにいるだけだったお年寄りさんが、学習を継続するうちに言葉に変化が表れ、コミュニケーションがスムーズになり、表情も明るくなって意欲的になってくるんです。スタッフもそうした変化を見るうち、お年寄りさんとの関わり方も変わって行きます。無表情だったお年寄りさんが、ある日ニッコリしながら「ありがとう」なんて声をかけてくれたら、スタッフはその一言で報われ、胸があつくなるものです」。

人が人であり続けるための努力と積み重ね、それによる変化を目のあたりにする。高齢者と共に生活し学習するなかから、スタッフたちも前向きに明るく挑戦する精神を、高齢者たちと分かちあうのである。「人間って環境の動物でしょう。お互いにお互いを生かしているんです。どちらか一方だけが重荷を背負って「してやってる」と思ってしまう環境では、健康な介護も共生もなりたたない。相手はモノじゃなくて血の通った人間なんだと感じられるには、そういう健康的な環境を作る用意をしておかなければなりません」。山崎は明るく私に言った。

さて、協同作業を始めた山崎と川島だったが、両者の関心とアプローチはすべて同じというわけではなかった。「学習療法が始まって一年くらい経ったときでしたか「データが出来て確信が生まれた」って川島教授や研究グループの方々から言われたんです。「なに、それ!」って思いました。胸が詰まった……んです。九〇歳や一〇〇歳のお年寄りさんにこんなに頑張らせて、どうするのよっていう醒《さ》めた気持ち。もちろん、お年寄りさんたちを見せ物にしてモルモットにしてる罪悪感もあります。だって私たちは、お年寄りさんを介護するのが専門の立場ですから。このままじゃいけないな……って。公文学習をしているお年寄りさんたちの生活の中に、学習の実りを生かせて初めて、大人の生活になるんじゃないか。そう気付いたわけ……ですよ」。

川島にも聞いてみた。「もちろん、人道的な部分から言えば私も胸が痛まないといえば嘘になります。いくら学習療法への参加者が自分の意志で学習を続けているとはいえ、最初は何が何だか分からない認知症の高齢者に、ある種説得をして研究への参加を求めたわけですから……」。川島はそう前置きして、「しかし、これは学者と現場との間にある立場の違いだと言えます。認知症患者を診察する医学の現場ではいま「アリセプト」という薬品を使用するのが普通です。これは認知症が進むのを緩《ゆる》やかにさせるための薬品で、治療するとか完治《かんち》させるための薬ではない。ただゆっくり進行させるための薬です。こうした臨床医たちに「学習療法が効果的だから、患者さんに試してはどうだろう」と説明するとき、研究データと臨床報告がなければ説得力はありません」。

ただし、と川島は言葉を選んだ。「臨床医も、介護の現場で高齢者に学習療法をやってもらっているスタッフたちも、立場は同じ〈現場〉なんです。現場には現場の日々があり、思いがあります。現場は一本一本の〈木〉だけを一生懸命に見なければならない。ただ、私たち学者はそういう木がたくさん集まった〈林や森〉を見て、将来を考えなければならない。みんなが一緒になって木ばかり見る必要はない、林とか森ばかり論じる必要もない。それぞれ違う立場で、人間の将来を考えるべきじゃないか、そう思うんです」。

山崎と川島、そしてもう一方の公文それぞれの視点と関心と構想を共鳴させた形での共同研究成果は、二〇〇四年一月、京都国際会議場で開かれた「第二回　学習療法国際シンポジウム」会場で披露された。まず「学習療法の実践」を座長の川島隆太が行い、「学習療法の効果——二年間の軌跡」を公文教育研究会の学習療法チームの佐々木《ささき》丈夫《たけお》が発表。「老人介護施設における学習療法の位置づけ」を山崎律美が報告した。

川島は学習療法を、「音読と計算を中心とする教材を用いた学習を、学習者と支援者がコミュニケーションを取りながら行うことにより、学習者の認知機能やコミュニケーション機能、身辺自立機能など(脳の)前頭前野機能の維持・改善を図るものである」と定義し、学習療法の一番の特徴は、脳科学者の立場から脳科学の知識に基づく介護療法を提案したところにあると言った。

佐々木は、前頭葉機能の検査、知的機能の検査、日常生活機能の検査によって行った学習効果結果を発表。「臨床的中間報告」として次の三点を指摘した。

▽学習療法の結果、認知症高齢者の前頭前野の機能が改善した。
▽認知症高齢者であっても、教材と指導法の工夫により、自主的・能動的な学習の持続が十分に可能である。

▽「高齢者社会の新たな可能性」を発見した。

山崎は「老人介護施設における学習療法の位置づけ」という報告をした。山崎は一九九四年に起こった自分の経験談から始めた。一人の重度の認知症患者がいた。その女性に計算問題を渡すと、彼女はいとも簡単にスラスラと解く。しかし、足し算ではスラスラと解いていたその女性が、引き算になるとふっと手が止まる。山崎が彼女のファイルを見ると、その女性は若い頃に八百屋の行商で生計を立てていたことが分かった。山崎は引き算の計算問題に〈円〉と言う文字を加えてみた。するとどうだろう。その女性はスラスラと引き算を解いていったのである。学習療法に欠かせないのは、社会的存在としての人間の機能を取り戻すことなのである。同時に、その女性を介護するスタッフの変化も山崎は紹介した。老人介護とは、毎日が旅立ち〈死〉への手伝い。それが学習で老人の可能性が引き出せることをスタッフが実感すると、声のかけ方や関わり方が変わってくる。介護する側とされる側が、個人として心を通わせあえる。すると、スタッフの介護意欲も落ちてしまうことは少ない。

山崎は学習で思い出した感情や気持ちを大切にする生活のきまりを「役割づくり」と「役割さがし」と表現した。それまでずっと世話をされる側の受け身の高齢者が、学習療法を受けていろいろな感情を思い出すことから、自分に出来る「役割」を探し、実行できるよう手伝う「役割さがし」。それが探せないときは、高齢者とスタッフが一緒になって「役割」を「作って」、自分たちが他人の役に立つことを高齢者に実感してもらう「役割づくり」。川島の関心が、学習習慣による高齢者の脳活性の科学的実証ということにあったとすれば、山崎の関心は、高齢者の「役割づくり」と「役割さがし」にあった。「役割さがし」と「役割づくり」。この言葉は、山崎の造語である。言葉のコンセプトとルーツを大切にしておきたいという気持ちから、その言葉の知的所有権（著作権）を登録した。

「私ね、ばあちゃんッ子だったんです。長男を産んだとき実家で寝ていたんですよ。両親はたいてい留守でしたからばあちゃんがいろいろと世話してくれて。そのとき私の寝てる枕元でばあちゃんが、取り込んだ乾いたばかりのおしめを膝《ひざ》に置いて、両手にちょっと唾《つば》をつけながらしわを伸ばしていたんです。ばあちゃんは、「おむつにしわがあると、そこがよれて赤ちゃんのお尻がかぶれるからね……」とか言いながらやってました。あの姿を思い出したとき、そうか、お年寄りさんにも出来る仕事はきっとあると思えました」。高齢者の「役割づくり」「役割さがし」という言葉はそうした「おばあちゃんッ子」の原体験と〝おばあちゃんッ子〟への愛情から生まれたのかもしれない。「おばあちゃんッ子」は、山崎に限らない。学習療法の指導者をしていた介護スタッフに話を聞くと、幼い頃お年寄りと暮らした経験がある人が多いことに気付いた。「ばあちゃんッ子でしたから」。スタッフからも何度も耳にした言葉だった。

山崎が福祉の仕事に興味を持ったのは両親の影響だった。実家は農家。布団の行商から市議会議員や県議会議員を務めた父親は、山崎に常々いっていた。「汗を流せ。ひとさまにお返しする仕事をせよ。水を使う商売をやれ」。水を使う商売とは、生活空間を水を使って清潔に保つ（衛生管理、環境保全）仕事、つまり他人のために働くことだと山崎は解説した。「きょうもね、あなたがお見えになるまで表で花の植え替えをしてました。大切なんです、命あるものを世話することが私には……。玄関をきれいにする（水を使う仕事）のと同じくらい大切……です」。

生きることは学ぶこと

学習療法としての公文式学習は普通、施設に設えられた学習室で行われることになっている。だが、寝たきりの人など学習室まで通えない入園者には、学習スタッフがそれぞれの部屋のベッド脇まで出向く学習が行われる。

軽い認知症だというさち子(仮名)も、そういう一人だ。ベッドから起きあがれない、起きたくないと言う。スタッフの許可を得て、私もベッド脇まで訪ねた。見慣れない私の姿に、何かを思いだしたのだろうか。さち子はタオルを目に当て涙ぐんだ。この日の学習は国語だった。A4版カードに書かれた短文を声に出して読み、その解釈をする。さち子の声はかすれていて聞き取りにくい。

〈可愛い子には旅をさせよ〉というカードが出てきた。さち子は読もうとした。だが読む代わりに、出ない声をオンオンあげながら涙をポロポロ流している。「毎週はがきを送ってくる息子さんを思いだしたようです」と学習スタッフが私にささやいた。彼女は、石川啄木の詩が好きだ。理解力もあり意識もしっかりしている。それでも、起きあがれないし、起きあがろうとしない。さち子をベッドから起きあがらせ、日々を楽しむ意欲をかきたてるにはどうしたらいいのだろうか。

公文式の学習はそこまでの力があるのだろうか。それができるようにするには、公文式はさらにどのように進化すればいいのだろうか。私は祈るような気持ちでさち子に別れを告げた。

学習室に戻ると、ひどく元気のない男性が学習しているのに気づいた。山崎は、「お年寄りさんが食欲をなくしたり、元気をなくしたりする原因のなかには、子どもたちの訪問が原因だということもままあるんですよ」と教えてくれた。来てくれるのはうれしいが、帰られるとさみしくなるのだ。日本は長寿国である。入園者の息子は、往々にして七〇代である。

「ありがたいのは、公文式が個人別学習だというところです。誰もが他の人と関係なく学習出来るし、力に応じてどこまで戻っても良いのですから。気分の変化にも対応しやすい」。公文を取材しながら、何度も聞かされたポイントである。ところが、永寿園の学習室で学習スタッフらのこの言葉を聞いた時、その言葉が心に深々と沁《し》みた。生きることは学ぶことなのだ、ということを実感として悟った気持ちになった。日々、学ぶことで、私たちは日々、生きる。誰しも生きる力は、自分の中に潜んでいるのだ。学ぶということはそれを引き出すことであるに違いない。子どもが去る後ろ姿を見て、こみ上げてくるさみしさもまた生きる姿であり、そのさみしさを乗りこえていく強さも含めて、生きる心の泉を湧《わ》かせているのだろう。

ふれあいの里を訪れるまで、私は高齢者の認知症患者を対象とした学習療法に、どこか説明のつかない怖さを感じていた。専門書に紹介される事例を読めば読むほど、脳の変化を写真で見れば見るほど、脳という機能が人間の肉体を離れ、精巧なロボットを作る精密部品であるかのような錯覚にとらわれた。しかし、ふれあいの里のグループホームで、学習する高齢者たちの姿に接したとき、人間はそんな小さな部品なのではない。人間はもっと大きな器であるのだと思った。

若い頃に工場で機械を扱っていたという年配の女性が、誤《あやま》って右手の指を三本事故で失ったと言いながら、自分の右手を私の前にニューッと突きだした。それでも、彼女は力強い字を書く。学習を続けた賜物《たまもの》である。彼女は、国語教材を見せながら、学習のこと、家族のことを話し続けた。

昼食時間が近づいていた。山崎に誘われて永寿園の食堂へ行った。「役割づくり」の一つに毎日三食の献立を読みあげる係というのがある。永寿園では今年九一歳になる内村菊世《うちむらきくよ》が担当している。山崎は冗談を飛ばしながら、菊世を放送室へせき立てる。菊世は介護スタッフに確認してもらいながら何度も何度も下読みを繰り返し、声の調子を整えた。放送室のガラス窓から山崎が菊世にサインを送った。「内村さん、お願いしますよ。内村さんのアナウンスが始まらなければ、みなさん食事が食べられませんから。よろしくお願いします」。菊世は「いやあねぇ」と身を少しよじってから、「五月二五日。きょうのお昼の献立は、ごはん、煮魚、青菜の煮付け、きんぴらごぼう、たまごサラダ、すまし汁、フルーツ。しっかりたべましょう」。よどみなく読み上げた。立派なアナウンサーである。一日三回の献立放送に、社会ニュースも入れることもある。菊世はもう一人の自分を楽しそうに演じていた。誰かの役に立っている、自分が必要とされている、という感覚が人をいきいきさせるのだろう。山崎が私にも入園者と同じ昼食を勧めてくれた。「出汁《だし》がきいていて、おいしいですねぇ」「出汁は昆布《こんぶ》と鰹節《かつおぶし》で取っています……」。

二〇〇四年、「くもん学習療法センター」が生まれた。そのホームページ(www/kumon-lt.co.jp)には、認知症の定義に始まり、導入のための要件、すでに導入を済ませ学習療法を実践している日本各地の施設名の一部などを検索できるメニューが並んでいる。

つくしんぼ教室

公文式学習法を使った障害児教育は、公文公がまだ高校教師と学習教室経営という二足のわらじを履いていた公文の初期まで遡《さかのぼ》る。各地の指導者たちから「障害児にも学習を勧めてみたいのですが」と社員を通して相談が寄せられるたびに「子どもの可能性に挑戦できることなら、先生方には協力を惜しまずやって戴きなさい」と公は励ました。さまざまなところから協力依頼が舞い込んだ。障害児もいれば、筋《きん》ジストロフィーの子どももいる。

公の妻の禎子は豊中市の「国立療養所刀根山病院」(豊中市刀根山、大正六年大阪市立結核療養所として開設。昭和二二年厚生労働省に移管)に公文式を導入したときのことをいまでもよく覚えている。「夫は、明日をも知れない人々、とくに子どもたちに、数学の楽しさを教えたい、と社員と一緒になって教材を持ち込んで夢中になってやっていました。後に、筋ジストロフィーの子どもたちも教えました。どこでも先方がやりたいとおっしゃれば、ハイハイと教材を持って行っていました」。公文の養護施設での奉仕指導、つまり教材持ち込みの学習指導は、公文数学研究会の創立後の四年後の一九六二年、大阪市の養護施設「十三博愛社」で始まった。教材は算数だけだった。

こうした試みは、徐々に広がっていった。一九八五年には障害児専用教室も生まれた。東京都千代田区五番町にある日本公文教育研究会の東京本社のなかにある「つくしんぼ教室」がそれである。いまも、ここでは毎週月曜日と木曜日に学習が行われている。

日本全国におよそ一万八〇〇〇ほどある公文教室のなかで、障害児を受け入れている指導者数は一七三八名。教室に通う障害児学習者の数は五四八六名である(二〇〇六年現在)。それらの教室の指導者たちの体験談や研究成果を綴った『つくしんぼ、のびた』の第一巻が一九八五年に発刊された(その後、一八巻になっている)。そのなかに、こんな報告が載っていた。

〈たかし君の場合(母親の報告)〉

小四　小人症　発達遅滞　一九八四年八月生まれ　公文入会一九九〇年一二月

算数が好きになってきた

たかしには年子の弟がいるのですが、その子のお友だちが公文をやっていたというのが、公文式を知ったきっかけです。書くことも何もしない子でしたから、何かさせたいと思っていました。でもハンディがある子ですから、大丈夫だろうかと心配しながら、永田先生をお訪ねすると、永田先生は「こういうお子さんもお待ちしていました」とおっしゃってくださいました。

公文の学習は一日一〇枚くらいを続けています。「たす5」までタッタッタと進んだかと思ったら、「たす1」を忘れてしまったり、のくりかえしでしたが、このごろ何となく「18＋3」なら、まず18を頭に入れて3つ進めればいい、「18＋5」なら18を頭に入れて5つ進めればいいということがわかってきたようです。(中略)

家庭ではトイレ掃除が当番で、料理と後かたづけも好きなので、毎日手伝ってくれます。庖丁で切る作業と、ひき肉料理(ハンバーグ、ミートボール、餃子など)が、ようやくそれらしくできるようになってきました

『つくしんぼ、のびた』の中で、公文公は「障害児指導の重要な三つのポイントは、〈歌〉〈作業量〉〈学習の記録〉である」と書いている。

▽歌を聞いたり、歌ったりすると効果てきめんである。言葉の発達を促すほか、歌を覚える過程で脳を刺激するのでさまざまな能力を伸ばす。

▽作業量とは学習量を増やすことである。やさしい教材、スラスラ出来る教材を与え、たくさん学習

すると集中力と作業力が育つ。

▽日々の指導者の働きかけと子どもの反応を記録することである。それを過去の記録と比べれば、どのくらい伸びたかが一目で分かる。それによって次に何をすればいいかの見当もつく。

長年の経験とフィードバックの蓄積から導き出した結論だったのだろう。

四年生が待ち遠しい

二〇〇六年三月一一、一二日の二日間、東京都江東区有明の東京ビッグサイトで、今年で一五回目（毎年一回開催）になる「公文障害児指導研究大会」が開催された。二日間の研究会には九〇〇名ほどの指導者が参加した。

大会二日目には、自主研究DO（一九九一年六月、北九州、福岡、久留米、佐世保の四事務局の指導者たちによる自主研究会が発足した）のこれまでの研究報告が発表された。指導者の伊藤ゆう子（北九州・水巻頃末《みずまきころすえ》教室）は発表の中で、こんな発言をした。「障害児を持つご家族、とくに母親は言葉に尽くせない大変さを抱えています。公文式教室の指導者である私は週に二回だけお預かりして学習を勧めればよいのですが、お母さまたちは日々二四時間の三六五日、向き合って悩み苦しんでいます。私の気持ちとしては、わずかな時間だけれど私が代わりますから、ちょっと息抜きをしてくださいという気持ちでした」。

伊藤が最初に指導した障害児は、水頭症《すいとうしょう》の女の子（六歳五カ月）だった。左手と両足がマヒで動かない。自由に動かせるのは右手だけだが、鉛筆を持つことは出来なかった。少女は片言で会話は出来たが、それは母親にしか理解できなかった。知能テストの結果は三歳程度の発達と診断された。伊藤は障害が何であっても、三歳の知能があるならば、三歳児の指導を実践をするだけと考えた。公文式の教材は乳幼児から大学終了、高齢者まで参加できる内容だ。三歳児の内容から始めれば何とかなる、そう伊藤は考えた。「コミュニケーションが出来ないと何も始まらないので、国語を試しました。大判漢字カードを使ったり、私が発音して口の形を真似させる発音練習を繰り返して発音指導をしました。すると二カ月くらいで彼女が発音する平仮名の五〇音は聞き取れるようになったんです」。

公文式学習を始めた六歳の水頭症の少女は、立つことも座ることも出来ない。大きな籠の中に寝かされたまま学習をしなければならなかった。伊藤の教室でそれを見ていた健常児たちが反応した。「子どもってすごいんですよ。同情とかそういう情緒的な反応より、世の中、社会って、いろいろな人々がいる、与えられた条件の中で努力しながら一生懸命に生きて行こうと頑張っているんだと彼らは気づいたのです」。

少女は公文式学習を始めて三カ月目に自分の名前をはっきり言うことと書くことが出来るようになった。そして希望していた地元の普通小学校へ入学することが可能になった。しかし右手しか動かない少女には、何をするにも時間がかかる。それでも継続して公文式の学習をするうちに彼女の何かが変化していった。年に一度受けるCTスキャナー（コンピュータ断層撮影装置）による頭部断層写真だった。水頭症特有の脳脊髄液の量が年々減少して行く。わずかだが身体の運動能力も回復の兆しが見えるようになった。

彼女は伊藤の教室を休まなかった。小さな体の右手だけで学習する彼女の姿は、いつしか伊藤の教室になくてはならない存在になっていった。「障害児も健常児と同じ教室で机を並べて一緒に学習する。

それが公文式」。伊藤の話を聞きながら、障害児学習を実践している何人かの教室指導者の言葉の意味が少しわかったような気がした。

私はトモくんを待っていた。トモくんは片道二時間かけて伊藤の教室へ通ってくる。トモくんはADHD（注意欠陥多動性障害）を持つ障害児だった。小学三年生になってはいるが、公文式の診断テストでは小学一年生のレベルがトモくんの「ちょうど」と出た。だがトモくんは学校でも家庭でも人間関係で問題があった。トモくんの「のんびりペース」、言ってみれば漫画『ドラえもん』に出てくるのび太に通じる。のび太的なのんびりペースが日本の学校教育の現場ではなかなか受け入れてもらえない難しさがあったようだ。自分の思うところを言葉で説明できないトモくんは、苛立《いらだ》つとつい手を出してしまうことさえあった（司馬理英子『のび太・ジャイアン症候群』主婦の友社、一九九七年参照）。

トモくんの母親の相談を受けた伊藤は言った。「お母さん、トモくんに何か仕事というか、家庭内での役割を作ってください。例えば毎朝、玄関に家族の靴を並べるというようなことで結構なのです」。母親は黙って聞いていた。数日して、トモくんの母親から伊藤に電話が入った。母親はトモくんにある役割を与えたと話した。声は弾んでいる。役割は「ご飯炊き」だった。毎日、米をとぎご飯を炊く。家族のために心をこめ、最初から最後まですべてトモくん一人でやる。家族の喜ぶ顔が、トモくんを変えた。トモくんの姉と妹は感謝を言葉で伝えた。「トモのおかげで毎日おいしいご飯が食べられる。ありがとう」。両親も感謝した。「おいしいねぇ、ありがとう」。毎日毎日感謝されて、トモくんの暴力はとまり、友だちや家族が見違えるほどトモくんは変わった。「まかせとき、おいしい、ご飯炊いてやるよ」。トモ君は、伊藤にはこういった。「先生、こんどおいしいご飯が炊けたとき、おにぎり作ってくるね」。

教室に着いたとき、トモくんはもう待っていた。いま小学校四年生になる。英語が大好きで将来英語を話せるようになりたい。夢は英国へ行って「機関車トーマス」に会うことだという。付き添いの母親が私に、「トモは白いものが好きです。豆腐、うどん、ミルク、食パン……」。おばあちゃんッ子だった。おばあちゃんが亡くなったいまも、食事のたびに「ばぁちゃん、戴きます」と陰膳《かげぜん》に声をかけるんですと母親は言った。するとトモくんは私を見て、「じいちゃん、ばぁちゃん、大きいにいちゃん……戴きます」と声を上げた。亡くなった家族全員に声をかけるのだ。「トモとの食事は楽しい。餃子《ぎょうざ》を作れば、餃子って耳に似てるねと話を創作しながら食べます。姉も妹も私も話のあとを続けないとならないんです」。母親は幸せな笑顔を私へ向けた。

トモくんは、少し前母親にこんなことを言っていた。「はやく四年生になりたいなぁ」。四年生になれば、何でも出来る子どもになれそうだとも言った。伊藤は常々教室に通ってくる子どもたちに言うことにしている。「四年生になったらステキなことが始まるのよ」。小学校四年生という時期は教科書も応用編になる時期だ。障害児は健常児に差を付けられてしまう時期なのだという。だが、そこまでにしっかりと基礎力をつけておけば、障害児も健常児と同じ土台に立って行ける。「勉強ごときで、障害児が健常児に遅れをとるなんてくやしいじゃありませんか」。伊藤はそう言って笑った。小学校四年生は子どもがひとりの個人として自覚して生活するようになる第一歩なのだと伊藤は思っている。

「公文式学習では一年間の継続学習で学年相当や一学年先までに進めるといいますが、それはあくまでも結果です。そして公文式は毎日学習ですから宿題が出ますが、それも、必死でやっても分からなかったり、やりたくない日もあるでしょう。それでもよいと私は思っています。そんなことより、公文式を学習し続けていることで、「毎日やらなあかん」と思えるようになったと言ってもらえれば、幸せの極みです」。伊藤は私に言った。「私は、いまの世の中、何事もスピードが速すぎる気がします。だからスピードがゆっくりな子どもは、なかなか役割も見つけられないし、与えてもらえない……」。彼女の声に力がこもった。「ゆっくりだっていいじゃないですか」。

「感察」

私が次に訪れたのは、沖縄県糸満市の賀数《かかず》教室（指導者、阿波連明美《あはれんあけみ》）である。

たろうくんは机の前の小さな椅子に自分でのぼろうとするように見えた。「椅子、上れるようになった？」阿波連はたろうくんの様子に気づくと明るい声で母親に訊いた。母親は小さく首を振り、「いえ、まだそこまでは……」。阿波連はニッコリと笑った。「でも、もうすぐね」。たろうくんは二歳半を過ぎた。半年前に教室へ入会したときは、脊髄の発達が遅いせいか、母親の腕の中で体をグラグラと揺らしていた。学習を始めてから、一人で椅子にも座れる。

たろうくん、隣に母親、机を挟《はさ》んで教室アシスタントで先生役の大城ミサエ、三人が向き合い学習が始まった。たろうくんの目の前に、半円形のワイヤー型に一〇個の異なる色の球が並ぶ教育玩具が置かれた。「1、2、3、4……」。大城が、鮮やかな色球を一個ずつ移動させながらリズミカルに数える。母親も先生の声に唱和する。たろうくんは、じっとそれを見つめていた。「はぁい、……まで行きました。じゃ、もう一回、たろうくん」。大城と母親の息がピッタリ合い、たろうくんの反応を見逃さない。「あぁ、あぁ」。たろうくんが声を出した。両手で机を叩き、体を前後・上下に動かす。先生は何度も何度も繰り返しながら、次々と教育玩具を変えてゆく。たろうくんを飽きさせない。「お母さん、たろうくん、しっかり数えられるようになったじゃない。素晴らしい。お母さんが焦《あせ》らないで」。阿波連のハスキーな声が飛んだ。

阿波連の教室へは毎週火曜日、障害のある子どもたちが通ってくる。年齢、障害の種類や程度は多様だ。学習形態は先生一人に生徒一人の完璧なマンツーマン。母親や父親が生徒と一緒に机に座り、共に学習する場合も多い。八つほどある机はすべて、生徒と保護者で埋まっている。順番を待つ生徒たちが、教室の入り口近くに並ぶ机で、数字盤をゲーム感覚で学んでいた。

小学四年生という少女が算数の足し算教材を解いていた。一ページが終わるたび、アシスタントの先生はひと声かける。「早い。ほら百点。すごい」「これ、ちょっとちがってない？」。指摘された間違いを直す少女が、照れた笑顔を父親に向けた。「間違えちゃったぁ……」。父親は娘をニコニコ見返し、「そうだね、だけどさ、これだったら、おとうさんだって、間違えるさぁ」。

阿波連は障害児指導で何度も行き詰まって相談したとき、公文公が言った言葉を忘れない。「何回やっても、うまく行かないんですけど……」という阿波連に、「一〇〇回繰り返してみましたか？　それでも駄目《だめ》なら一〇一回がありますね」。公はそう言って微笑《ほほえ》んだ。「その子どもの能力の〝ちょうど〟を追求しなさい」ということだったと阿波連はいま納得している。指導者やアシスタントがわずかな経験則をもとに「このくらいやれば分かるはず……」と思いこむ怖さを言っている。学習能力のちょうどだけでなく、心のちょうども大切にする。「生徒がやる気になれないときって、理由があるでしょう。子どもたちは助けてとサインを送っているんです。視線が斜め四五度付近をさまよっていたら、アブナイ。

そういうとき、私は自分で生徒にかかわります」。

のんびりして、あたたかな雰囲気の教室だった。学習を終えた生徒たちも、なかなか家へ帰ろうとしない。大城たちアシスタントの体にまとわりつき、阿波連から抱きしめられ、おやつをもらう。見学者の私にも、子どもたちはスキンシップを求めてくる。阿波連と大城たちと保護者を、子どもたちの素直さが和《なご》ませる。

たろうくんの母親が私に言った。「この子を持つまで、私も自分勝手で他人を思いやれない性分でした。たろうが障害を持って生まれてきてくれたおかげで、ひとにやさしくなれるようになりました」。彼女は毎日、何冊もの本をたろうくんに読み聞かせているといった。「親が本を読んでくれると、子どもって体で聞くんです。たとえ耳が不自由な子どもでも、親の体から感じる空気の流れや手の感触、唇の動きで本を読んでもらうのが好きになるの」。そう、阿波連が言葉を添えた。

親は、子どもを「感察」しなければならないと阿波連は言う。「観察」ではない。心で「感」じて子どもの気持ちを「察」する。子どもの可能性と変化を親が信じて、焦らずに毎日感察し続けることが大切なのだ。阿波連の言葉に、教室にいた保護者たちは、みな黙って頷《うなず》いた。

あとがきにかえて　教育は平和の礎

「国連で演説したい」

「鹿谷さん。いつかですね、私は、国連でですね、〝教育と世界平和〟について私たちが公文式学習を通じて行ってきたことを演説したい。そう思ってるんですよ。どうですか……」。いまから二〇年以上前、公文公は公文教育研究会の鹿谷研二にそのように語ったことがある。

一九八三年二月、新大阪駅近くの公文・教育会館にある会長室。鹿谷はまもなく米国のカリフォルニア州で現地法人を設立して展開を始めるため出発することになっていた。そのあいさつに公を訪れた時である。

公文公は、公文式学習法を通して世界平和に貢献するという遠大な夢を持っていた。それは創始者、創業者にありがちな夢想癖くらいに受け止められてきたきらいがある。国連での演説の夢について、妻の禎子は私に次のようにいった。「そんな不遜《ふそん》で、大げさな言い方はしなかったと思いますが、夢想家で頭が先に行っていますから、何かそういうことも言ったかも知れませんね。ただ、私には、国連で演説するとかそんなことを言ったことはありません」。

鹿谷は、公文公は本気だったと思っている。公が最初に「世界平和」のテーマに具体的に発言するようになったのは、一九八〇年のソ連のアフガニスタン侵攻のときだった。公は、社内の有志を集めて勉強会を開き、「もし、アフガニスタンの識字率《しきじりつ》がもっと高かったら、ソ連に侵攻されずに済んだかもしれない」といったことを社員に話した。ちなみに、アフガニスタンの非識字率は六九パーセント近く、ネパール(七三パーセント)に次いで世界でもっとも非識字率が高い。

公文公がこのような遠大な夢を抱いたのは、フランスの哲学者、神学者であり、医者であり、世界的オルガン奏者であったアルベルト・シュヴァイツァー博士(一八七五―一九六五)の影響によるところが大きいかも知れない。「原始林の聖者」と呼ばれたシュヴァイツァーはアフリカで現地住民の医療伝導に従事し、ノーベル平和賞を受賞した。公は、シュヴァイツァーを深く尊敬していた。シュヴァイツァーがアフリカ旧仏領ガボン(当時、その後独立)のランバレネに建設した病院を訪問したいとか、シュヴァイツァー本人に是非会いたいとか、そんなことをよく口にしていた。

シュヴァイツァー博士の時代から半世紀。アフリカでは国々が次から次へと独立したが、平和はなかなか訪れなかった。ビアフラの悲劇(一九六七―七〇年、二〇〇万人の死者)が起こった。アンゴラの内戦(一九七五年)があった。南アフリカのアパルトヘイトは引き続き黒人を差別していた。九〇年代に入り、アパルトヘイト体制は崩壊し、新生南アフリカが生まれたが、ソマリアが破綻《はたん》国家になった。その後続々と立ち現れる破綻国家現象のはしりだった。ルアンダとコンゴ(旧ザイール)ではフツ族とツチ族の血で血を洗う紛争が起きた。国連も米国も手をこまねいているだけだった。死者は一〇〇万人を超えた。今世紀に入っても、スーダンのダフールで再び、民族紛争が起こっている。

エイズの患者、それによる死者が急増し、家族崩壊と地域社会崩壊をアフリカ全域にもたらしている。このため、ボツワナの人口平均年齢は三二歳にまで低下した。タンザニアでは、毎月、教師が二人、エイズで死んでいく。リベリアやシェラレオネでは、若者は教育を受けられないまま社会に放り出される。彼らが受けた教育と言えば、ＡＫ47の使い方くらいである。リベリアは、一九五〇年代、経済発展が目覚ましく、日本に次いで高い成長率を達成したこともある。それがいまでは典型的な破綻国家と言われている。

私が今回、世界のThe Kumon Wayを求めて訪れたアフリカの国は南アフリカだけである。きわめて限られた経験でしかない。「南アフリカ」の項でも触れたが、そこの公文の指導者たちの話を聞くうちに、アフリカでは教育がいまだに独立した概念と市民権を得ていないのではないかと、私は感じた。公文式が、そこでどのような教育効果を及ぼすことができるかどうか。挑戦はまだ始まったばかりである。

だが、私は今回の取材を通じて、教育のもっとも重要な機能の一つは、家族と社会をつなぐ触媒《しょくばい》の役割にあるということを思い知った。それこそが、すべての社会と共同体の礎《いしずえ》なのだろうと痛感した。世界平和は天から降りては来ない。国際連合はそれを約束しはしない。国際法が保障してくれるわけではない。それは、個々人の人づくり、家族の絆、共同体と社会の連帯と安定、国の発展と安定の上に一つずつ築いていく営みなのだろう。教育は、その礎なのである。

公文公の戦後、日本の戦後

公文公は一兵卒として中国に出征し、帰還した。兵役があけてからは教師として、特攻隊員として死に赴く予科練の青年たちに数学を教えた。一九四五年の八月の終戦間際、高知市にたまたま帰省したとき、米軍の空襲に遭い一晩、妻の禎子と焼夷弾の下を逃げまどい、九死に一生を得た。それらのことはすでに記した。

公は、戦争の悲惨もそれが人間を狂わせることも痛いほど知っていた。平和の尊さが人間の人間らしさを発揮させることも確信していた。その世代のほとんどの日本人がそうだったように、また、それをかけがえのない教訓としたように、公文公も戦争体験を背負って、戦後を生き、戦後をつくった。

そうした彼らの戦後体験の一つが、平和憲法だっただろう。この思想は、国際連合の前文、さらにはユネスコ憲章の前文とも同じ思想的波動を同心円のように形作っている。「国際連合教育科学文化機関憲章」(ユネスコ憲章)の前文は、次のように謳《うた》っている。

戦争は人の心の中で生まれるものであるから、人の心の中に平和の砦《とりで》を築かなければならない。

この「人」は抽象的な存在ではない。ある社会、国家、環境、歴史と文化の中で生まれ、育つ歴史的、文化的、政治的な人間である。「人の心の中に平和の砦」を築くには、そのような心を育むような人とそのような人を生む環境をつくらなければならない。「平和」にしても、それは国家と国家の間の戦争のない状態だけを言うのではないだろう。同じ国家の中でもどのように「平和」な社会を築くかという課題にも応えなければならない。そのよりどころは教育であるはずである。

過度の民族主義と国家主義の教育がどれほど恐ろしい結果をもたらすことになったかを、改めてここで言及する必要はないだろう。「人の心の中の平和」を生み出すには、平和の環境を整えることが不可欠であり、「人づくり」と「国づくり」が必要になる。教育は平和をつくるための「読み・書き・計算」と言ってもいいのだ。

公文が世界への展開を進めれば進めるほど、「世界平和」は公文にとっても単にそれを夢として仰ぎ見ていく対象ではなく、ビジネス環境としても重要な「与件」となっていく。そして、自らも世界平和に対するステークホールダー(責任担当者)となっていく。

私は、南アでまたインドネシアで、親が子どもを「公文に通わせる」ことがリスクを伴うことであることを知らされた。世界はまだそのように不安な場所であり、危険な場所なのかもしれない。同時に、公文式の世界への普及は、その過程で、グローバリゼーションの時代における「人づくり」と「国づくり」のあり方をはじめ、教育と世界平和についての数多くのヒントや材料を得る、またとない機会を生み出すことだろう。そこでの発見は一企業としての公文の資産であるとともに、世界の国々にとっても貴重な資産となるだろう。

公文教育研究会は、教育を通じての世界平和への貢献、というビジョンは掲げているが平和教育とか平和運動を自らに課しているわけではない。公文はそのようなことを社訓にも社是にも定款にも掲げていない。また、公文は、日本の子どもの学力を向上させて、何が何でも日本を強くする富国強兵の尖兵《せんぺい》を買ってでているわけでもない。公文は、政治権力の統治の道具としての教育の〝大政翼賛会〟ではない。そうした思想とは対極のところに公文は位置している。

私は、公文公の足跡を求めて訪れた高知市の高知県立図書館で、江戸時代の高知の寺子屋の話を書いた資料を読んだが、それによれば当時の寺子屋では、女の子も男の子と机を並べ肩を並べ、素読でも手習いでも競い合ったという。公文公の教育の精神は、こうした寺子屋の精神を継承しているように思う。男の子も女の子も机を並べ、競い合いながら、「読み・書き・計算」を勉強し、社会に出て働ける能力を身につける。それが社会人の基礎であり、個人の社会の土台であり、国家の基盤である。個人一人一人のかけがえのなさとそれぞれの特性と個性を尊重し、伸ばす。家庭も社会も人格と個性を圧し殺してはならないし、弱肉強食であってもならない。そのような思想である。

妻の禎子はこんなふうに回想する。「日本は明治期にドイツから教育（国民皆教育）の基本を学んだけれど、その一斉授業、つまり他律《たりつ》教育が子どもの考える力を損ねてしまったとも言えます。愚かな戦争にも、ただ唯々諾々と黙って従う日本人を作りあげたとも言えると思います。夫も自分も自律、つまり自主性、主体性、判断力を持たせ、自由に発想させる教育がないと、日本の子どもはダメになると考えていました」。

▽公文式学習法を通じて、世界の子ども一人一人に「読み・書き・計算」の学力をつけさせる。
▽学習課程で忍耐、反復、継続といった耐久力を身につけさせる。
▽自分に課す目標を一つ一つ達成していく中で習得する自己採点能力と自分を客観視する習慣を培う。
▽目標が達成されたときの達成感や他に対する感謝の気持ちを持つことで、謙虚な自信と気持ちのゆとりが生まれるように促す。
▽家族、指導者といった他者との共同作業、他者への感謝、他者とのコミュニケーションの大切さを自覚させる。

そういう過程を経て、「自分の頭で考える子ども」を育てる。子どものときに受けた教育は、「学びの社会」の中でのその後の長い人生の中で、もっとも重要な土台となる。単純化して言えば、「自分の頭で考える子ども」が「判断力」のある大人に育ち、究極のところ、市民社会を形作り、民主主義を成熟させる主役であり、石垣になるのである。

米国の教育危機に警鐘を乱打したレーガン時代の「危機に立つ国家」報告書では、学力の低下と教育の質の低下が、産業の国際競争力の低下をもたらすとともに、「知力、倫理観、精神力といった、社会の核となっているもの」を弱めることへの懸念を表明していた。報告書は、「アメリカ国民に喚起《かんき》したいことは、新しい時代に必要とされる、技術水準、読み書き能力、教育水準を満たすことができなければ、成果に見合うだけの物質的な報酬を受けることが実質的にできなくなるだけではなく、国民生活に参加していく機会さえも奪われてしまうということである」と述べた上で、トマス・ジェファーソンの次の有名な格言を引用している。

社会の中で最高の権力を安全に預託できるのは、国民以外にありえない。もし、その権力を制御する健全な判断力という点で国民に十分な啓発がなされていないと考えるならば、解決の道は、国民から権力を奪うことではなく、彼らの判断力を育ててやることである。

教育の劣化がこの「判断力」の育成を阻《はば》んでいることこそ、米国の「危機」であると喝破《かっぱ》したのである(アメリカ教育省他/西村和雄・戸瀬信之編訳『アメリカの教育改革』京都大学出版会、二〇〇四年)。

世界平和は、「自分の頭で考える」広範な市民が世界に参加してはじめて、実現に向けての足場づくりも始まる。教育は、その「判断力」を育成する礎にほかならない。教育は、世界平和の礎なのである。

＊

世界に広がるThe Kumon Wayの輪郭《りんかく》を追う旅をしながら、教育の現場がいま、歴史的な大転換期を迎えていることを、私は知った。国づくりと人づくりの礎が教育であることを、痛いほど思い知らされた。世界平和を究極の目標とするThe Kumon Wayの理念が迂遠《うえん》で甘っちょろい理想主義どころか、きわめて実務的かつ戦略的な課題であることに思い至った。

私は、公文式という日本の市民社会から生まれた教育サービスがどのようにグローバル化し、グローバリゼーションの過程でどのような進化を遂げつつあるのか、その姿に魅了させられた。それに迫り、それを描きたかった。この本のタイトルを『寺子屋グローバリゼーション』と名付けた所以である。

今回、その成果を世に問うことができたことをありがたいと思う。これもひとえに、温かい励ましと適切な助言を下さった岩波書店の山口昭男さんと賀来みすずさんのおかげである。心からお礼を申し上げたいと思う。

公文公はかつて「ホンモノの教育ママに会ってみたいもんだ」と言ったが、私は多くの教育ママたちがこの本から教育とは何かを感じとってくださると信じている。

取材に応じていただいた公文教室、公文センターの指導者の方々と公文ペアレントの方々、学習者の方々に、心から感謝いたします。また、お忙しい中、時間を割いてくださったすべての公文のアソシエイツ(社員)の方々にもお礼を申し上げます。

公文教育研究会の杏中保夫相談役は、取材で貴重なお話を聞かせてくださっただけでなく、お会いするたびに励ましの言葉をかけてくださいました。公文教育研究会の角田《つのだ》秋生《あきお》社長はじめ公文教育研究会の役員・取締役の方々もインタビューに応えてくださいました。中でも、SRC(くもんスピードリーディングセンター)社長の大田《おおた》稔《みのる》さんは激務の中、親身になって取材の便宜に応えてくださいました。また、二年三カ月にわたり調査その他を担当してくださった公文教育研究会の上野優子さんの的確で誠実なお仕事に、私はどれほど助けられたことでしょう。東京のグループ広報室のみなさま、東京と大阪の社長室のみなさま、お世話になりました。

本来は、取材に応じていただいたすべての方々のお名前を記して、感謝の言葉を申し上げるべきところですが、紙幅の関係で割愛せざるをえない点、ご容赦いただきたいと思います。

最後になりましたが、公文公夫人の公文禎子さま及び公文毅夫人の公文倫子さま、貴重なお話を聞かせていただき、本当にありがとうございました。

なお、文中、敬称を省略させていただきましたことをご了承いただきたく存じます。

木下玲子

二〇〇六年七月　ワシントンDCにて

公文式算数・数学教材内容一覧(2006 年 3 月 1 日現在)

【算数・数学】

教材	枚数	内容	相当学年
V	200	微分幾何(曲線, 曲面)	研究コース(大学教養課程)
U	200	線形代数(ベクトル空間, 行列, 行列式)	
T II	200	解析学(微積分, 多変数関数の微積分)	
T I	200	解析学(集合, 数列と級数, 微積分)	
S	200	ベクトル解析, 電磁気学	
R	200	多変数関数の微積分, 微分方程式, 力学	
P	120	行列, 2 次曲線, 媒介変数・極座標, 確率・統計	高校
O	200	微分・積分, 微分方程式	
N	200	無限級数, 関数の極限, 微分	
M	200	平面図形, ベクトル, 複素数平面	
MM	200	三角比, 三角関数, 数列, 順列・組合せ, 確率	
L	200	対数関数, 微分・積分	
K	200	2 次関数, 高次関数, 分数関数, 無理関数, 指数関数	
J	200	因数分解, 無理数, 2 次方程式, 因数定理, 等式・不等式の証明	
I	200	平方根, 2 次方程式, 不等式, 1 次関数, 2 次関数, 三平方の定理	中学校
H	200	連立方程式, 単項式・多項式, 因数分解	
G	200	正負の数, 代数, 式の計算, 方程式	
F	200	分数(四則混合), x の値, 文章題, 小数	小学校
E	200	分数(加減乗除), 分数と小数	
D	200	かけ算, わり算, 分数, 約分	
C	200	九九, 基本的なかけ算・わり算	
B	200	たし算, ひき算(筆算)	
A	200	たし算, ひき算(暗算)	
2A	200	たし算・ひき算の初歩(暗算)	
3A	200	たし算の導入	
4A	200	すうじの練習, 100 まで程度のすうじの書き	幼児
5A	200	100 までのすうじの読み	
6A	200	30 までのすうじの読み, 20 までのまるのかず	
7A	200	かずかぞえへの導入, 10 までのまるのかず	

【運筆教材】(数字・ひらがな以前の書きの練習をします)

教材	枚数	内容
Z III	100	線を止める練習, 線の交差の練習, イラストとイラストを自由に結ぶ練習, うつしえ, てんむすび
Z II	100	動物や身近なもの・日本の昔話・世界の名作を題材にした線, ジグザグや曲線の連続した線, 直線・斜線・曲線の連続した長い線
Z I	100	ぐじゃぐじゃがき, たて・よこの線, ななめ・まがった線・おれまがった線

公文式国語教材内容一覧(2006年3月1日現在)

【国語】

教材	枚数	内　容	相当学年
R	200	「古文真宝」による漢文総合読解演習	研究コース(大学教養課程)
Q	200	「徒然草」による古文総合読解演習	
P	200	哲学的文章の総合読解演習	
O	200	古典，現代文読解問題(古文2，漢文2，現代文11，計15作品)	高校
N	200	古典，現代文読解問題(古文4，漢文2，現代文6，計12作品)	
M	200	古典，現代文読解問題(古文3，漢文1，現代文4，計8作品)	
L	200	漢文と現代文の対照，漢文を資料とした批評文・解説文の総合読解	
K	200	古文と現代文の対照，古文を資料とした批評文・解説文の総合読解	
J	200	古文と現代文の対照，古文を資料とした批評文・解説文の総合読解	
II·II	400	常用漢字，縮約練習，総合読解(1,500字程度の文章)	中学校
HI·II	400	常用漢字，縮約練習，総合読解(1,200字程度の文章)	
GI·II	400	常用漢字，縮約練習，総合読解(800字程度の文章)	
FI·II	400	教育漢字(慣用句のまとめ)，指示語，パラフレーズ，縮約，500字程度の文章読解	小学校
EI·II	400	教育漢字(同音異義語のまとめ)，接続語，パラグラフのつながり，400字程度の文章読解	
DI·II	400	教育漢字(部首のまとめ)，複雑な一文，パラグラフ，300字程度の文章読解	
CI·II	400	教育漢字(熟語のまとめ)，文の成分，文末表現，200～250字程度の文章の読み	
BI·II	400	教育漢字(音と訓のまとめ)，主語，述語，修飾語，150～200字程度の文章の読み	
AI·II	400	カタカナ，教育漢字(書き順のまとめ)，基本文型，100～150字程度の文章の読み	
2A	200	五十音表，助詞の学習，ひらがな文の読み(100字程度の文章)	幼児
3A	200	ひらがなの見写し書き，語彙力(形容詞・動詞)，ひらがな文の読み(70字程度の文章)	
4A	200	ひらがなのなぞり書き，語彙力(名詞)，ひらがな文の読み(50字程度の文章)	
5A	200	いろいろな文，ひらがな文の読み(30字程度の文章)	
6A	200	ひらがな文(二語文・三語文)の読み	
7A	200	ひらがなことばカード，ことばあつめ	
8A	200	うたカード，漢字カード	

【運筆教材】(数字・ひらがな以前の書きの練習をします)

教材	枚数	内　容
Z III	100	線を止める練習，線の交差の練習，イラストとイラストを自由に結ぶ練習，うつしえ，てんむすび
Z II	100	動物や身近なもの・日本の昔話・世界の名作を題材にした線，ジグザグや曲線の連続した線，直線・斜線・曲線の連続した長い線
Z I	100	ぐじゃぐじゃがき，たて・よこの線，ななめ・まがった線・おれまがった線

公文式英語教材内容一覧(2006年3月1日現在)

【英語】

教材	枚数	内　容	相当学年
T	200	平和への手紙(M. R. ジャコビー), 風を見た少年(C. W. ニコル), ケネディ大統領就任演説(J. F. ケネディ), かもめのジョナサン(リチャード・バック)等	研究コース(大学教養課程)
S	200	ファニー・ビジネス(G. カツンスタイン), 日本の心(ロバート・C・クリストファー), 近代日本の台頭(W. G. ビアズレー), 甘えの構造(土居健郎)等の評論文	
R	200	土地と人民, 教育(エドウィン・O・ライシャワー), 子供は学ぶ(ルース・ベネディクト), 日本の小説(ドナルド・キーン), 日本の奇跡(エズラ・F・ヴォーゲル)等の評論文	
Q	200	W. S. モームの生涯と作品, アリとキリギリス, 九月姫, 赤毛, 月と六ペンス, 人間の絆, 要約すると	
P	200	E. ヘミングウェイの生涯と作品, ニック・アダムズ・ストーリーズ, 武器よさらば, 世界の首都, 老人と海, ベイカーの評論, ノーベル賞受賞演説	
O	200	アウル・クリーク橋事件, 乾草堆の中の恋, クリスマス・イヴ, 白鯨, マクベス	高校
N	200	私は信じる, だれの英語? どの英語?, わが名はアラム, アンネの日記, 最後の一葉, 私には夢がある	
M	200	バイオレット, 勇気あるABC, インサイド・ジャパン, 赤毛連盟, フランクリン自叙伝	
L II	200	初めてのデート, ビル・ゲイツ, 自由への行進, アメリカ訪問, 日本を理解する, ヘレン・ケラー	
L I	200	野茂英雄, あしながおじさん, 私たちの惑星地球に住む, アメリカの現在と未来, マーチン・ルーサー・キング・ジュニア　等	
K II	200	カップ半分のお茶, 私の異文化体験, 木を植えた男, 警官と賛美歌, 私たちの宇宙像, ドリトル先生物語, マザーテレサ　等	
K I	200	アライグマ・ラスカル, 動物のイメージ, 王子と乞食, 20年後, 不思議の国のアリス, 分詞構文, 仮定法　等	
J II	200	飛ぶ猫, 広告の力, カット, 賢者の贈り物, ティラノサウルス, トム・ソーヤーの冒険, 若草物語, 過去完了, 話法　等	
J I	200	お手紙, タイタニック号の悲劇, 英語を学ぶ秘訣, 改心した男, 色とふるまい, オズの魔法使い, 時制の一致, 関係代名詞　等	
I II	200	後置修飾, 関係代名詞, 接続詞, STORY	中学校
I I	200	現在完了, 時制, 文型, STORY	
H II	200	動名詞, 不定詞, 比較, 受動態, STORY	
H I	200	助動詞, 基本的な文の型, 接続詞, STORY	
G II	200	命令文, 現在進行形, 過去, 5W1H, STORY	
G I	200	be動詞の文, 一般動詞の文, 単数と複数, 人称代名詞, STORY	
F	200	依頼・提案の文, 疑問詞を使った文, SKIT, 書きの発展(表から裏への見写し書き)	
E	200	命令文, 疑問詞を使った文, SKIT, 書きの発展(上から下への見写し書き)	
D	200	アルファベット, 主述の整った文, SKIT, 書きの導入(なぞり書きから)	
C	冊子による読み教材	日常表現, 主述の整った文, 3〜4語による対話, SKIT	
B		あいさつ, 2〜3語による対話, SKIT	
A		あいさつ, アルファベット, すうじ, 単語による対話, SKIT	
2A		単語と2語程度の語句, あいさつことば, SKIT	
3A		身近な単語, SKIT	

【運筆教材】(数字・ひらがな以前の書きの練習をします)

教材	枚数	内　容
Z III	100	線を止める練習, 線の交差の練習, イラストとイラストを自由に結ぶ練習, うつしえ, てんむすび
Z II	100	動物や身近なもの・日本の昔話・世界の名作を題材にした線, ジグザグや曲線の連続した線, 直線・斜線・曲線の連続した長い線
Z I	100	ぐじゃぐじゃがき, たて・よこの線, ななめ・まがった線・おれまがった線

木下玲子
ジャーナリスト．研究活動として，ジョンズ・ホプキンズ大学 SAIS(ポール・ニッツァ高等国際問題研究大学院)ライシャワー・センター客員研究員(1993-98)．アジア・リーダーシップ・フェロー・プログラム(国際交流基金・国際文化会館共催)2002 年度フェロー，IWMF(国際女性メディア財団)理事(1995-2005)を務める．
著書に『インフルエンシャル—影響力の王国』『プライズ—「九つの賞」の背景』『欧米クラブ社会』『アメリカン・バブル』(いずれも新潮社)，『ファースト・チーム』(集英社)など．

寺子屋グローバリゼーション　The Kumon Way

2006 年 7 月 27 日　第 1 刷発行

著　者　木下玲子《きのしたれいこ》

発行者　山口昭男

発行所　株式会社 岩波書店
〒101-8002 東京都千代田区一ツ橋 2-5-5
電話案内 03-5210-4000
http://www.iwanami.co.jp/

印刷・三陽社　カバー・半七印刷　製本・牧製本

ISBN 4-00-024019-6　　Printed in Japan